Zu diesem Buch

Sigmund Freuds Psychoanalyse, eines der großartigsten, stabilsten und folgenreichsten Gedankengebäude des 20. Jahrhunderts, gerät zunehmend unter kritischen Beschuß. Was ist Psychoanalyse? Eine Wissenschaft? Gar eine exakte Naturwissenschaft? Eine Methode? Ein suggestiver Glaube? Eine Ideologie? Oder nur ein Traditionsbegriff für ein Sammelsurium kontroverser Gedanken und Praktiken? Wie sah der Wiener Meister selbst seine Lehre und sein Tun?

Wolfgang Schmidbauer nimmt zwei berühmte Schriften Freuds unter die Lupe: «Eine Kindheitserinnerung des Leonardo da Vinci» aus dem Jahre 1910 und «Der Moses des Michelangelo» von 1914 und vergleicht sie mit anderen Äußerungen Freuds zum Verhältnis zwischen Kunst und Wissenschaft, zwischen Archäologie, Geschichte und Psychoanalyse.

Der bekannte Münchner Therapeut und Forscher («Die hilflosen Helfer», «Die Angst vor Nähe») stößt dabei auf produktive Widersprüche und «Freudsche Fehlleistungen».

Der Autor

Wolfgang Schmidbauer, geboren 1941 in München, studierte Psychologie und promovierte 1968 über «Mythos und Psychologie». Tätigkeit als freier Schriftsteller in Deutschland und Italien. Ausbildung zum Psychoanalytiker. Gründung eines Instituts für Analytische Gruppendynamik. 1985 Gastprofessor für Psychoanalyse an der Gesamthochschule Kassel. Psychotherapeut und Lehranalytiker in München. Eine vollständige Liste seiner Buchveröffentlichungen findet sich am Ende des Buches.

Wolfgang Schmidbauer

Freuds Dilemma

*Die Wissenschaft von der Seele und
die Kunst der Therapie*

ROWOHLT TASCHENBUCH VERLAG

Originalausgabe
Veröffentlicht im Rowohlt Taschenbuch Verlag GmbH,
Reinbek bei Hamburg, März 1999
Copyright © 1999 by Rowohlt Taschenbuch Verlag GmbH,
Reinbek bei Hamburg
Umschlaggestaltung Werner Rebhuhn
Satz Utopia PostScript (PageOne)
Gesamtherstellung Clausen & Bosse, Leck
Printed in Germany
ISBN 3 499 60616 X

Inhalt

Die beiden großen und oft als Antagonisten beschriebenen «Universalgenies» der italienischen Renaissance sind auch die einzigen bildenden Künstler, denen Sigmund Freud größere Abhandlungen widmete: Leonardo da Vinci und Michelangelo Buonarotti. Die Untersuchung dieser Arbeiten und anderer Äußerungen Freuds zum Verhältnis zwischen Kunst und Wissenschaft, zwischen Archäologie, Geschichte und Psychoanalyse führt zu überraschenden Aufschlüssen.

Freuds Beziehung zu Künstlern und zur Kunst war ambivalent. Seinen Aufsatz über den Moses des Michelangelo publizierte er zunächst anonym. In seiner Studie «Eine Kindheitserinnerung des Leonardo da Vinci» finden sich zahlreiche Fehlleistungen, die auf innere Spannungen des Autors hinweisen. Ein weiterer Ansatzpunkt für Einsichten in das widersprüchliche Verhältnis Freuds zu Leonardo und Michelangelo findet sich in einer Fehlleistung aus dem Jahr 1905, in der er dem «großen Leonardo» jene Unterscheidung der Künste in solche, die hinzufügen, und solche, die wegnehmen *(per via de porre – per via di levare)* zuschreibt, die tatsächlich von Michelangelo stammt.

Die Untersuchung solcher Fehlleistungen nehme ich zum Anlaß, um mit Hilfe einer solchen genuin psychoanalytischen Betrachtungsweise das Spannungsfgeld zwischen «Kunst» und «Wissenschaft» zu demonstrieren, in dem sich Freud seit seiner Abwendung von der Neuropathologie bewegte. Es scheint kein Zufall, daß Freud Leonardo benutzte, um sowohl seine eigene Selbstanalyse voranzutreiben, wie auch die Möglichkeiten der analytischen Interpretation an einem Autor zu üben, der ihn in seiner Rolle des einsamen, seiner Zeit vorgreifenden Denkers und Entdeckers fesselte. Über dieses Bild legt sich nun die Gestalt Michelangelos, den Freud als Künstler höher achtete und dessen neuplatonische Prägungen viele Gedanken der Psychoanalyse vorwegnahmen.

In einer Arbeit aus dem Jahr 1905 versucht Freud mit Hilfe einer Metapher, die Innovation der Psychoanalyse gegenüber einer Tradition von Mesmerismus, Hypnose und Suggestion abzugrenzen. Er schreibt:

«In Wahrheit besteht zwischen der suggestiven Technik und der analytischen der größtmögliche Gegensatz, jener Gegensatz, den der große Leonardo da Vinci für die Künste in die Formeln ‹per via di porre› und ‹per via di levare› gefaßt hat. Die Malerei, sagt Leonardo, arbeitet ‹per via di porre›; sie setzt nämlich Farbenhäufchen hin, wo sie früher nicht waren, auf die nichtfarbige Leinwand; die Skulptur dagegen geht ‹per via di levare› vor, sie nimmt nämlich vom Stein so viel weg, als die Oberfläche der in ihm enthaltenen Statue noch bedeckt. Ganz ähnlich ... sucht die Suggestivtechnik ‹per via di porre› zu wirken, sie kümmert sich nicht um Herkunft, Kraft und Bedeutung der Krankheitssymptome, sondern legt etwas auf, die Suggestion nämlich, wovon sie erwartet, daß es stark genug sein wird, die pathogene Idee an der Äußerung zu hindern. Die analytische Therapie dagegen will nicht auflegen, nichts Neues einführen, sondern wegnehmen, herausschaffen, und zu diesem Zwecke bekümmert sie sich um die Genese der krankhaften Symptome und den psychischen Zusammenhang der pathogenen Idee, deren Wegschaffung ihr Ziel ist» (Freud 1905, 112).

Dieser Vergleich zwischen Malerei und Bildhauerei mutet merkwürdig an. Nur ein ganz spezieller Typus der Plastik arbeitet *per via di levare*. Bildwerke in Erz oder Ton werden ebenso wie Gemälde *per via di porre* hergestellt. Viele große Bildhauer haben Marmorstatuen, die sie schufen, kaum berührt: Sie fertigten ein Ton- oder Gipsmodell, nach dem dann ein Trupp von Steinmetzen die so entworfene Figur herstellte. Diese Vorgehensweise, *per via di porre* ein vergängliches Modell herzustellen, das dann mit technischen Mitteln in Marmor oder Bronze realisiert wird, gewährt dem Künstler mehr Freiheiten. Er kann ändern, was ihm mißfällt.

Noch merkwürdiger mutet an, daß der «große Leonardo» hier den «größtmöglichen Gegensatz» zweier Künste formuliert haben soll, wobei der Kontext der Metapher ausdrückt, daß die «minderwertige» Suggestion mit der von Leonardo so hoch geschätzten Malerei identifiziert wird, die «hochwertige» Analyse jedoch mit der von Leonardo eher verachteten Bildhauerei.

«Da hat er das Gesicht ganz beschmiert und mit Marmorstaub eingepudert, so daß er wie ein Bäcker aussieht, und ist mit kleinen Marmorsplittern über und über bedeckt, daß es aussieht, als hätte es ihm auf den Buckel geschneit, und seine Behausung, die ist voll Steinsplitter und Staub ... Der Maler sitzt mit großer Bequemlichkeit bei seinem Werke, wohlgekleidet, und regt den ganz leichten Pinsel mit den anmutigen Farben ... Oft hat er Gesellschaft von Musik, oder von Vorlesern schöner Werke, und das wird ohne Hammergedröhn oder sonstigen Lärm mit großem Vergnügen angehört» («Traktat von der Malerei», ed. M. Herzfeld 1909, S. 22).

Die Herzfeld-Ausgabe des «Trattato della pittura» Leonardos war 1905 noch nicht erschienen. In seiner Arbeit über die Kindheitserinnerungen des Malers hat Freud sie verwendet. Eine Quellenangabe des Leonardo zugeschriebenen Vergleichs findet sich in der Arbeit von 1905 nicht. Trotz längerer Suche in verschiedenen Publikationen der Schriften Leonardos habe ich die Formulierungen *per via di porre* und *per via di levare* dort nicht finden können. Sie sind aber von einem anderen Autor, in einem anderen Zusammenhang und mit einer etwas anderen Formulierung dem Kenner der italienischen Renaissance vertraut: als Äußerungen Michelangelos, die sich, was auch den eingangs erwähnten Widerspruch auflöst, nicht auf das Verhältnis zwischen Malerei und Bildhauerei beziehen, sondern präzise auf die beiden Typen plastischer Gestaltung: die des Modelleurs in Ton oder Wachs (*per via di porre*) einerseits, des «echten» Bildhauers (*per forza di levare*) andrerseits. Diese Formulierungen gebraucht Michelangelo in einem Brief an Benedetto Varchi (Varchi 1590, s. a. Milanesi 1875, Borinski 1914, Löwy 1915).

In einer Biographie, die zu Michelangelos Lebzeiten von Giorgio Vasari verfaßt wurde, steht viel über die fast fetischistische Beziehung des Künstlers zum Marmor. Als ihm Julius II. 1503 den Auftrag gab, sein Grabmal zu gestalten, blieb er acht Monate in den Marmorbrüchen von Carrara (Vasari ed. Jaffé, S. 355). Er konnte sich nicht satt sehen an den Blöcken und machte jeden Tag neue Pläne zu gewaltigen Statuen, die ihn unsterblich machen sollten. Mit dem Meißel zu arbeiten war für Michelangelo offensichtlich ein Mittel, sein seelisches Gleichgewicht zu erhalten. Er war unglücklich, wenn ihn andere Aufträge von der geliebten Steinmetzarbeit fernhielten. Oft stand er nachts auf und arbeitete im Schein eines Talglichts, das er auf einem speziell gearbeiteten Hut befestigte (Vasari 1550, S. 403).

Weil er viel über Michelangelos Stil und seine dezidierte Haltung in der Frage des Vorrangs der Künste verrät, hier eine Übersetzung des Briefs an Benedetto Varchi:

«Ich sage, daß mir die Malerei um so schätzenswerter scheint, je mehr sie sich dem Relief nähert, und das Relief um so schlechter ist, je mehr es in die Richtung der Malerei geht: mir scheint es immer so, daß die Skulptur das Licht der Malerei ist und zwischen beiden derselbe Unterschied besteht wie zwischen Sonne und Mond. Jetzt, da ich in Euerem Buch gelesen habe, daß aus philosophischer Sicht die Dinge, welche denselben Zweck haben, auch ein und dieselbe Sache sind, habe ich meine Meinung geändert. Wenn es so ist, daß größere Anforderungen an die Urteilskraft und die mühevolle Überwindung von Schwierigkeiten keine höhere Würde schaffen, dann sind Malerei und Bildhauerei ein und dieselbe Sache. Wenn man es so halten will, müßte jeder Maler ebensoviel Bildhauerei betreiben und umgekehrt jeder Bildhauer Malerei. *Ich verstehe unter Bildhauerei nur jene, die durch die Kraft des Wegnehmens* (per forza di levare) *arbeitet; jene, die durch Hinzufügen* (per via di porre) *gemacht wird, gleicht der Malerei.* Genug damit; da beide aus einer Intelligenz entstehen, Bildhauerei und Malerei, kann man sie miteinander zu einem guten Frieden bringen und diese vielen Debatten lassen, es geht mehr Zeit damit verloren als Werke zu schaffen. Jener, der geschrieben hat, daß die Malerei vornehmer sei als die Bildhauerei, hätte besser meine Magd schreiben lassen sollen, wenn diese Aussage ausdrükken soll, wieviel er von der Sache versteht. Man könnte noch unendlich viel über diese Dinge sagen, aber das würde zu viel Zeit kosten, und davon habe ich nur sehr wenig, nicht nur, weil ich alt bin, sondern weil ich schon fast zu den Toten gehöre. Deshalb bitte ich Euch, mich zu entschuldigen. Ich empfehle mich Euch und danke Euch nach bestem Wissen und Können für die übergroße Ehre, die Ihr mir erweist und die mir nicht zusteht,

Euer Michelangniolo Buonarotti in Rom» (Milanesi 1875, S. 522. Übersetzung W. S.).

Zweifellos ist hier der Gedanke von den zwei Künsten – jener des Wegnehmens und jener des Hinzufügens – am klarsten erfaßt, der in den früheren Texten von Alberti * und Leo-

---

✠ Vgl. S. 173, Kap. XV

nardo noch unvollständig ausgedrückt wird. Freud muß diesen Brief gekannt haben, vielleicht schon aus seiner Zeit in Paris, in der er sicher die Bildhauerarbeiten Michelangelos im Louvre gesehen hat. Den «gefesselten Sklaven» übernahm er später in seine Sammlung. Es gibt ein Bild, das diese Skulptur im Hintergrund einer Porträtaufnahme von 1912 zeigt (vgl. Foto auf dem Umschlagkarton).

In dieser kleinen Statue auf der Veranda in der Berggasse 19 steckt vermutlich der Anlaß zu einer kulturkritischen Metapher Freuds: «Die menschliche Kultur ruht auf zwei Stützen, die eine ist die Beherrschung der Naturkräfte, die andere die Beschränkung unserer Triebe. Gefesselte Sklaven tragen den Thron der Herrscherin. Unter den so dienstbar gemachten Triebkomponenten ragen die der Sexualtriebe – im engeren Sinn – durch Stärke und Wildheit hervor. Wehe, wenn sie befreit würden; der Thron würde umgeworfen, die Herrin mit Füßen getreten werden. Die Gesellschaft weiß dies und – will nicht, daß davon gesprochen wird» (S. Freud, «Die Widerstände gegen die Psychoanalyse», 1925, GW XIV, S. 106).

Der Sklave seiner Last und die Psychoanalyse

Das Motiv des gefesselten Sklaven hängt in der abendländischen Ikonographie mit dem Atlas-Mythos zusammen. Atlas ist nach Hesiod («Theogonie» 507 f.) der Sohn des Titanen Lapetos und der Meeresgöttin Klymene. Er steht im Westen und trägt das Himmelsgewölbe auf seinen Schultern. Nicht weit von ihm hüten seine Töchter, die Hesperiden, die goldenen Äpfel, welche einst Gaia Zeus und Hera als Hochzeitsgeschenk gab. Als Herakles diese Äpfel suchte, mußte er für eine Weile den Himmel tragen, während Atlas zu den Hesperiden ging. Nachher wollte Atlas seine Aufgabe nicht wieder übernehmen und Herakles unter der Last stehen lassen. Der Held rettete sich durch eine List. Er bat Atlas, doch einen Augenblick auf seinen Platz zurückzukehren, damit er sich einen Bund Stricke um den Kopf winden könne, der ihm sonst zu zerspringen drohe. Atlas ließ sich übertölpeln, schob seine Schultern unter das Gewölbe und mußte nun zusehen, wie Herakles mit den Äpfeln entkam.

Ein Teil dieses Mythos ist etymologisch – Atlas heißt «Träger». Ursprünglich wurde ein Gebirge im Peloponnes so genannt, später der Gebirgszug in Nordwestafrika, der Atlantische Ozean und das sagenumwobene Land Atlantis. Der Gedanke, daß es für Atlas eine Strafe sein muß, den Himmel zu tragen, findet sich zuerst bei Aischylos («Prometheus» 347 ff.).

Atlas wird durch seine Last gefesselt. Dieses Motiv ist in Bildhauerei und Bauplastik unendlich oft wiederholt worden. Muskelstrotzende Gestalten stützen ein Gesims, einen Balkon, einen Sockel. Die Anspannung unseres Körpers gegen das, was wir auf uns lasten fühlen, ist ein ebenso urtümliches wie allgemeinverständliches Bild für die Conditio humana.

Neben dieser Bedeutung der Spannung und Macht (und der noch allgemeineren von Dekoration und Belebung) wurde der Sklave einer Last in der Renaissance zum Symbol des unerlösten, an irdisch-fleischliche Bedürftigkeit gebundenen Menschen. An einem Weihwasserbecken in der Kathedrale von Siena, das von Antonio Federighi stammt und Freud ebenso bekannt war wie schon Michelangelo, stützen drei gefesselte Sklaven von herkulischem Körperbau eine reich verzierte Säule, die auf Schildkröten ruht und in einer mit Engelsköpfen geschmückten Schale endet. Erwin Panofsky hat diese Komposition als Symbol eines christlichen Universums interpretiert, das auf der Erde (den Schildkröten) ruht, sich über die Stadien der Natur (die Sklaven) und des

Heidentums (die Rinderköpfe am Baluster) zum Stand der Gnade (das Weihwasser) erhebt. Er verweist in diesem Zusammenhang auf einen Stich von Cristoforo Robetta, der den Gegensatz zwischen dem erlösten und dem unerlösten Menschen darstellt. Auf der einen Seite sitzt ein schöner Jüngling und blickt unangefochten auf die Verführungen von Satyrn und entblößten Frauen, während sich auf der anderen Seite ein Gefesselter gegen die Stricke bäumt (Panofsky 1980, S. 267).

Die beiden ‹Sklaven› im Louvre, der «sterbende Sklave» und der «rebellische Sklave»*, haben eine bewegte Vergangenheit.

Michelangelo hat sie bald nach dem Tod des Papstes Julius II. im Jahr 1513 begonnen. Damals war das Monument für den Toten noch ein großartiges Projekt mit über 40 Statuen. Der Entwurf änderte sich wiederholt. Schließlich konnte der Bildhauer die «Sklaven» nicht mehr brauchen. Er gab sie 1544 Roberto Strozzi, einem Florentiner, der in Frankreich im Exil lebte. Sie wechselten einige Male den Besitzer, standen eine Weile in der Schloßfassade des Connétable de Montmorency, später vor dem Palast des Kardinals Richelieu, bis sie nach der großen Revolution endgültig in den Louvre kamen. Condivi interpretierte den schlafenden Sklaven als Inkarnation der Kunst, die nach dem Tod Julius' II. in tiefen Schlaf gefallen sei. In einer aktuellen Beschreibung betont Bernard Lamarche-Vadel den lasziven Charakter der Figur:

«In Wirklichkeit handelt es sich um den Idealkörper eines Jünglings, der in einer etwas zweideutigen Pose entspannt vor sich hin döst. Die Hände dieses Sklaven scheinen den Körper zu stützen, gleichzeitig aber auch zu liebkosen oder sogar wie in einem Traum sanft die leichten Fesseln abzu-

---

✖ Freud besaß eine Replik des «sterbenden» (oder «schlafenden») Sklaven.

streifen, die um seine Brust führen ... Obwohl geometrisch perfekt ausbalanciert, wirkt dieser Sklave doch ganz spontan wie ein Körper, der sich ganz der Sinnlichkeit hingibt.»

In Freuds Metapher stehen die gefesselten Sklaven eindeutig für die Kraft der Sexualität, die nur so lange den Thron der Kultur tragen wird, wie sie es nicht vermag, sich zu befreien. Der Sklave symbolisiert, ebenso wie die Fessel, Unfreiheit: diese doppelt auszudrücken und gerade darin Spannung zu schaffen macht einen Reiz der Statuen im Louvre aus. Wenn Freud die gefesselten Sklaven als Bild für die Rolle der Sexualität in der Gesellschaft wählt, drückt sich darin auch aus, daß er für den homoerotischen Reiz des «schlafenden» oder «sterbenden» Sklaven nicht unempfänglich war, dem er einen Platz in seiner Veranda eingeräumt hatte.

Panofsky unterlegt den «Sklaven» eine spezifischere Bedeutung. Er greift dabei auf ein Detail beider Skulpturen zurück: einen Affen, der aus der Steinmasse hervortritt, beim «rebellischen» Sklaven weniger ausgearbeitet, aber ebenso erkennbar wie beim «schlafenden». Der Affe, dem Menschen ähnlicher als alle anderen Tiere, karikiert menschliche Lüsternheit, Torheit und Gier. So kommt Panofsky zur gleichen Bedeutung, wie sie in Freuds Metapher steckt. Die Sklaven entsprechen der tierischen Natur des Menschen, sie sind Attribute der neuplatonischen «niederen» Seele, die Mensch und Tier gemeinsam ist. Die Fessel der Sklaven gleicht dem *vinculum* der Neuplatoniker, jenem Band, das die unerlöste Seele an den Leib bindet. Panofsky zitiert in diesem Zusammenhang Ficino, der über die Entstehung der Melancholie aus den Dämpfen der schwarzen Galle spricht und hinzusetzt: «Wenn ein wenig Dampf uns soviel antun kann, wieviel mehr muß die himmlische Seele sich von ihrem ursprünglichen Zustand entfernen, wenn sie zu Beginn unseres Lebens, aus der Reinheit, mit der sie geschaffen ward, herabfällt und in den Kerker eines finsteren, irdischen und sterblichen Körpers gesperrt wird? Die Pythagoreer und Platoniker sagen, daß unser Geist, solange unsere erhabene Seele in einem gemeinen Körper zu wirken verurteilt ist, von dauernder Unruhe emporgeschleudert und niedergeworfen wird und daß er oft schläft und immer in Wahn befangen ist, so daß unsere Bewegungen, Taten und Leidenschaften nichts sind als die Schwindelanfälle unpäßlicher Leute, die Träume von Schläfern und die Faseleien Irrer» (Marsilio Ficino, zit. n. Panofsky 1980, S. 269).

Freud nicht unähnlich, sahen Ficino und seine Schüler keine Lösung des menschlichen Dilemmas in einer Entscheidung zwischen Triebhaftigkeit und Tugend – im Sieg des Über-Ich gegen das Es. Auch wenn die irdische Vernunft über die animalische Natur dominiert, bleibt der Mensch in Fesseln. «Ein dauernder Sieg kann allein durch jene höchste Kraft in der Seele des Menschen erreicht werden, die nicht an den irdischen Kämpfen teilnimmt und Erleuchtung bringt statt zu besiegen: die *mens* oder der *intellectus angelicus*, deren zwiefacher Aspekt durch die Gestalten des tätigen und des kontemplativen Lebens symbolisiert und durch Moses und Paulus verkörpert wird» (Panofsky 1980, S.269).

Was heute in der Kirche San Pietro in Vincoli steht und Freud zu seiner Arbeit über die Moses-Statue des Michelangelo anregte, ist kein Zeugnis des Strebens nach einer Harmonie zwischen Moses und Platon mehr, sondern ein Ausdruck der Gegenreformation. Aber die Bruchstücke von Michelangelos Vision tragen, jedes in sich, einen Teil der ursprünglichen, auf die menschliche Tragik bezogenen Konzeption. Die merkwürdige Scham, mit der Freud seine Arbeit über den «Mosos» des Michelangelo veröffentlicht hat, weist ebenso wie die verschlüsselte Metapher von den gefesselten Sklaven in seiner Arbeit über die Widerstände gegen die Psychoanalyse auf eine Hemmung des Autors, sich seiner Beziehung zum Schaffen Michelangelos bewußt zu werden. Sich über Leonardo zu äußern, hatte Freud hingegen vielleicht sogar zu wenige Bedenken. Seine ungleich tiefere Empfänglichkeit für Michelangelos Kunst erfüllt ihn offensichtlich mit einer Scheu, die er in dem Moses-Aufsatz auf die Gestalt des Religionsstifters verlagert hat. Die Gegensätze Leonardo – Michelangelo, Malerei – Skulptur, Suggestion – Analyse waren in Freuds Unbewußtem verknüpft, so daß der komplexbehaftete Name Michelangelos durch den leichter zugänglichen Leonardos ersetzt wurde, unterstützt durch die Tatsache, daß auch Leonardo Skulptur und Malerei verglichen hat. Er sprach freilich über die Skulptur als «niedrige» und die Malerei als «hohe» Kunst. Diese Bewertung hat Freud umgedreht. Michelangelos Überzeugung war auch die seine; er selbst schätzte Plastiken höher als Gemälde. Michelangelos gefesselte Sklaven drücken die Tragik der menschlichen Existenz mit ästhetischen Mitteln aus. Sie enthalten eine Botschaft, die sie gleichzeitig durch ihre vollendete Schönheit transzendieren. Ähnlich geht auch Freud über seine Theorie von den unergründeten und nicht lösbaren Widersprüchen der menschlichen Kultur durch die therapeutische Hoffnung und durch die Leuchtkraft seiner literarischen Kunst hinaus.

Leonardo und Michelangelo waren beide nicht nur bildende Künstler, sondern auch Forscher und Theoretiker. Lag es nicht nahe, dem einen unterzuschieben, was der andere gesagt hatte? Aber kein anderer als Freud hat uns gelehrt, gegen solche Beschwichtigungen skeptisch zu sein und nach dem verborgenen Affekt in einem unscheinbaren Irrtum zu suchen. Man könnte sagen: Freud war von Leonardos Persönlichkeit viel stärker berührt als von der Michelangelos, während ihn umgekehrt Michelangelos Werk weit mehr faszinierte als Leonardos Arbeiten, die er gewissermaßen mit den Augen Michelangelos sah, denn gerade von diesem stammt der (auch von Vasari überlieferte) Vorwurf, Leonardo habe als Künstler versagt, weil er kaum eines seiner Werke vollendete (Vasari ed. Jaffé, S. 257).

«Eine Kindheitserinnerung des Leonardo da Vinci» ist weit mehr, als der Titel verrät. Es scheint überflüssig, wenn Freud sich zu Beginn entschuldigt, seine Methode auf einen so großen Mann anzuwenden. Seine Achtung, ja Liebe für Leonardo wird an vielen Stellen deutlich, sie verrät eine Identifizierung mit dem Künstler, der sich von einer konventionellen Karriere abwendet und gegen den Druck einer trägen Mehrheit darauf beharrt, den Schein der Dinge zu durchdringen, Einsamkeit zu ertragen, um sich nicht von seinem Erkenntnisweg abbringen zu lassen.

In der gegenwärtigen Biographik wird Freuds Selbstdarstellung als einsamer Forscher in Frage gestellt; sie gilt eher als (ihrerseits bedeutsame) Stilisierung denn als realer Ausdruck seiner gesellschaftlichen Situation (Spector 1972). Aber für unsere Betrachtung ist es wichtiger, wie Freud sich selbst sah. Obwohl seine Studie über Leonardo die Grenzen und möglichen Fehler einer psychoanalytischen Rekonstruktion mindestens ebensogut belegt wie ihre Möglichkeiten, kann sie den aufmerksamen Leser vor allem als verborgene Fortführung von Freuds Selbstanalyse über den Stand der «Traumdeutung» hinaus fesseln. Dort ging es um den Vater (durch dessen Tod Freud damals tief bewegt und literarisch angeregt wurde), im «Leonardo» um die Mutter. Wieviel von Freud (und, parallel dazu: wie wenig von Leonardo) in dieser Analyse steckt, belegt die «Geierphantasie» Freuds, die er Leonardo unterlegt.

Im Codex Atlanticus berichtet Leonardo über seine Untersuchungen des Vogelflugs, Beobachtungen an lebenden Vögeln, Anatomie und Morphologie der Flügel und des Vogelskeletts. Er setzt hinzu: «*Questo scriver si distintamente del nibio par che sia mio destino, perche nella mia prima ricordazione della mia infanzia e mi parea che essendo io in culla, che un nibio venissi a me e mi apristi la bocca colla sua coda e molte volte mi percuotesse con tal coda dentro alle labbra*» (Cod. atlant. F 65 V, Scognamilio, zit. n. Freud 1910, Ges. W. VIII., S. 150).

Freud übersetzt: «Es scheint, daß es mir schon vorher bestimmt war, mich so gründlich mit dem Geier zu befassen, denn es kommt mir als eine ganz frühe Erinnerung in den Sinn, als ich noch in der Wiege lag, ist ein Geier* zu mir herabgekommen, hat mir den Mund mit seinem Schwanz geöffnet und viele Male mit diesem seinen Schwanz gegen meine Lippen gestoßen.»

Unter den Synonymen für *nibio*, die Gabelweihe oder den roten Milan, wird «Gabelgeier» neben Königsweih, Königsmilan, Rötel- oder Rüttelweih, Hühnergeier und Gabel-

✖ italienisch: avoltoio

schwanz genannt. Die Weihen (*Milvinae*), eine Unterfamilie der Falken (*Falconidae*), sind nur weitläufig mit den Geiern (*Vulturidae*) verwandt. Nur die Geier, nicht aber die Weihen sind in Ägypten ein Symbol für die Sonne; nur von ihnen wird erzählt, daß es unter ihnen nur Weibchen gibt, die vom Ostwind befruchtet werden.

Die «Kindheitserinnerung des Leonardo da Vinci» zeigt, wie ein kompliziertes Gebäude seine Glaubwürdigkeit verlieren kann, weil ein Autor Einwände nicht mehr wahrnimmt, wenn er erst einen Anfangsfehler nicht nur übersehen, sondern als nützlich für die eigene Beweisführung erkannt hat.

Diese sieht so aus. Leonardo hatte aus einem Text der Kirchenväter erfahren, daß die Geier alle weiblichen Geschlechts sind und empfangen, indem sie ihre Scheide dem Wind öffnen. Dieser Mythos diente den Kirchenvätern, immer auf der Suche nach Analogien für das Wunder der jungfräulichen Geburt, als naturgeschichtliche Unterstützung ihrer Lehre. «Die Entstehung der Geisterphantasie Leonardos können wir uns nun in folgender Weise vorstellen», faßt Freud zusammen. «Als er einmal bei einem Kirchenvater oder in einem naturwissenschaftlichen Buche davon las, die Geier seien alle Weibchen und wüßten sich ohne Mithilfe von Männchen fortzupflanzen, da tauchte in ihm eine Erinnerung auf, die sich zu jener Phantasie umgestaltete, die aber besagen wollte, er sei ja auch so ein Geierkind gewesen, das eine Mutter, aber keinen Vater gehabt habe, und dazu gesellte sich in der Art, wie so alte Eindrücke sich allein äußern können, ein Nachhall des Genusses, der ihm an der Mutterbrust zuteil geworden war. Die von den Autoren hergestellte Anspielung auf die *jedem Künstler teuere Vorstellung der heiligen Jungfrau mit dem Kinde mußte dazu beitragen,* ihm diese Phantasie wertvoll und bedeutsam erscheinen zu lassen. Kam er doch so dazu, sich mit dem Christusknaben, dem

Tröster und Erlöser nicht nur des einen Weibes, zu identifizieren» (S. Freud 1910, GW VIII, S. 159).

Als Havelock Ellis in einer Besprechung von Freuds Leonardo-Arbeit im Juli 1910 im «Journal of Mental Science» einwandte, es müsse sich nicht um eine Phantasie Leonardos gehandelt haben; Kindheitserinnerungen reichten oft weiter zurück, als man gewöhnlich glaubt, machte Freud in einer Fußnote einen Kompromißvorschlag. Die Mutter habe dem Kind vom Besuch des großen Vogels erzählt, das Kind sie dann mit einer eigenen Erinnerung vermischt. Er setzt hinzu: «Es bedarf darum noch eines geheimen Motivs, um die reale Nichtigkeit hervorzuholen und sie in solcher Weise auszugestalten, wie es von Leonardo mit dem zum Geier *ernannten* Vogel und seinem merkwürdigen Tun geschieht» (Freud 1910, GW VIII, S. 151).

In Wahrheit «ernennt» *Freud* den *nibio* zum Geier, und dieses Wort scheint geradezu ein geheimes Wissen um seinen Mißgriff anzudeuten. Die Art des Geiers wird nicht untersucht. Der heilige Geier der Ägypter war *Neophron perenopterus L.*, auch Schmutzgeier, Aasgeier und heiliger Geier genannt. Er ist etwa 70 cm lang, die Flügelspannweite beträgt 160 cm; charakteristisch ist für ihn der (im Gegensatz zu den meisten anderen Geierarten) befiederte Nacken. In den südeuropäischen Ländern ein seltener Zugvogel, erfüllt er in afrikanischen Städten eine wichtige Aufgabe: Er frißt menschlichen Kot, Schlachtabfälle und Aas, selten lebende Tiere (vor allem Mäuse und Schlangen). Er wird nicht gejagt, folgt den Karawanen oft tagelang und nistet in steilen Felswänden oder alten Gebäuden.

Wie konnte Freud glauben, daß der in ästhetischen Dingen empfindliche Leonardo sich den Mund vom Schwanz eines solchen Kot- und Aasfressers öffnen ließ und nicht von einem engen Verwandten des Falken? Warum setzt er in diesem

Punkt die genaue Naturbeobachtung außer Kraft, die ihn ebenso wie Leonardo auszeichnete? Weshalb glaubt er, daß ein Mann wie Leonardo, der so leidenschaftlich daran interessiert war, Tradition und Naturmystik durch empirische Forschung zu ersetzen, plötzlich von einer obskuren Analogie frommer Autoren beeinflußt wird?

Leonardo war ein uneheliches Kind; sein Vater, Ser Piero d'Antonio aus dem toskanischen Vinci, heiratete noch im Jahr seiner Geburt eine standesgemäße Frau, Donna Albiera. Die Beziehung des Landbesitzers zu seinen Mägden war in der Toskana von feudalen, nicht von bürgerlichen Moralvorstellungen geprägt. Das heißt, daß uneheliche Kinder nicht als moralischer Makel betrachtet wurden. Es war üblich, daß der Vater sie in sein Haus aufnahm. Die Mutter konnte freilich keine Ansprüche für sich selbst daraus ableiten; sie wurde ihrem Stand entsprechend verheiratet. Freud legt die kulturhistorische Situation von 1452 im Sinne der viktorianischen Moralvorstellungen aus, wenn er behauptet, daß der kleine Leonardo *erst dann* in den Haushalt des Vaters kam, als die Ehe mit Donna Albiera kinderlos blieb. Viel wahrscheinlicher ist, daß er bereits in diesem Haushalt geboren wurde. Jeder Halbpächter war froh, wenn seine Tochter in der Villa des *padrone* Arbeit und Verköstigung fand. Und es war auch von Anfang an klar, daß Leonardo im Haushalt des Vaters bleiben würde, während Caterina einen *contadino* von Vinci heiratete. Sie war keine schlechte Partie, der *padrone* gab ihr einen Zuschuß zu ihrer Mitgift, sie hatte ihre Fruchtbarkeit bereits unter Beweis gestellt, so daß der Ehemann ziemlich sicher sein konnte, ihm würde erspart bleiben, was die Ehe von Ser Piero mit Donna Albiera belastete. Wie das Beispiel prominenterer Zeitgenossen lehrt (etwa die Fürsorge des Borgia-Papstes Alexander VI. für seine unehelichen Kinder Lucrezia und Cesare), gehörte es zu den Pflichten eines

Herrn, sich seiner Bastard-Kinder anzunehmen, sie standes-
gemäß zu erziehen und auch sonst für sie zu sorgen.

Wenn wir Freuds dem Leonardo unterschobene Geierphantasie zu verstehen suchen, liegt es nahe, nicht nur die
Kindheit des Malers zu betrachten, sondern auch die Be-
richte Freuds von seiner eigenen Kindheit. In der «Traumdeutung» finden sich viele Hinweise darauf, daß zum Beispiel die Leonardo ohne jeden Beweis unterstellte heftige
frühkindliche Sexualforschung für Freud zutrifft, daß «viele,
jedenfalls die bestbegabten Kinder etwa vom dritten Lebensjahr an eine Periode durchmachen, die man als die der infantilen Sexualforschung bezeichnen darf. Die Wißbegierde
erwacht bei den Kindern dieses Alters, soviel wir wissen,
nicht spontan, sondern wird durch den Eindruck eines wich-
tigen Erlebnisses geweckt, durch die erfolgte oder nach aus-
wärtigen Erfahrungen gefürchtete Geburt eines Geschwister-
chens, in der das Kind eine Bedrohung seiner egoistischen
Interessen erblickt» (Freud 1910, GW VIII, S. 145). Diese Forschung kann zu einer bleibenden Denkhemmung unterdrückt, zum ergebnislosen Grübelzwang entstellt oder im
«dritten, seltensten und vollkommensten Typus», zu dem
Freud offen Leonardo und latent wohl sich selbst rechnet,
sublimiert werden. «Auch hier wird das Forschen gewissermaßen zum Zwang und zu dem Ersatz der Sexualbestätigung,
aber infolge der völligen Verschiedenheit der zugrunde-
liegenden psychischen Prozesse (Sublimierung an Stelle des
Durchbruchs aus dem Unbewußten) bleibt der Charakter der
Neurose aus, die Gebundenheit an die ursprünglichen Kom-
plexe der infantilen Sexualforschung entfällt, und der Trieb
kann sich frei im Dienste des intellektuellen Interesses betä-
tigen» (Freud 1910, GW VIII, S. 148).

Ist schon hier die Parallele zwischen Freud und Leonardo
auffällig, so wird später, in der Übersetzung der Geierphan-

tasie, die scheinbar willkürliche Vertauschung von Aktivität und Passivität durch Freud zu einem weiteren Hinweis auf die verborgenen Parallelen zwischen ihm und dem großen Künstler der Renaissance. Die Szene mit Vogelschwanz und Mund enthält sexuelle Anspielungen. «Schwanz» und «Vogel» (*coda*, *cazzo*, *uccello*) sind im Italienischen wie in anderen europäischen Sprachen gebräuchliche Ausdrücke für Penis. Die einfachste Übersetzung der Kindheitserinnerung wäre dann eine orale Vergewaltigung – ein großer Vogel, der den Mund des Kindes öffnet und mit seinem Schwanz heftig gegen dessen Lippen stößt. Freud entwickelt seine Argumentation anders. Er deutet die Fellatio an, beschäftigt sich mit der Entrüstung des Lesers über solche abscheulichen Unterstellungen und erinnert ihn wieder daran, daß in der Psychoanalyse auch die kleinsten psychischen Schöpfungen für bedeutungsvoll gehalten werden. Dann konzediert er, daß die Neigung, das Glied des Mannes in den Mund zu nehmen und an ihm zu saugen, zu den abscheulichsten sexuellen Phantasien gerechnet wird, dennoch aber häufig vorkommt, und zwar auch spontan, bei Frauen, die keine Gelegenheit hatten, Richard von Krafft-Ebings «Psychopathia sexualis» zu lesen (Freud 1910, GW VIII, S. 155). Auf diese Weise wird fast unmerklich die orale Vergewaltigung des Kindes in die Nähe der weiblichen Phantasien gerückt, das Glied in den Mund zu nehmen und daran zu saugen. Bindeglied ist wieder eine Tierbeobachtung – «Wenn das Kind später das Euter der Kuh kennenlernt, das seiner Funktion nach einer Brustwarze, seiner Gestalt und Lage am Unterleib nach einem Penis gleichkommt, hat es die Vorstufe für die spätere Bildung jener anstößigen sexuellen Phantasie gewonnen» (S. Freud 1910, GW VIII, S. 155). So verbirgt sich schließlich hinter der Geierphantasie «nichts anderes als eine Reminiszenz an das Saugen – oder Gesäugtwerden – an der Mutterbrust». Die Mutter ist die Verführerin, der große Vogel *muß* ein Geier sein, denn dann stimmt der von Freud ausgebreitete mythologische Zusammenhang mit der ägyptischen Göttin Mut, die auf manchen Darstellungen nicht nur Brüste, sondern auch einen Phallus trägt. Auf diesen brüchigen Faden der frühen, intensiven, sexualisierten Beziehung zwischen Leonardo und Caterina reiht Freud alles, was biographisch wie künstlerisch an Leonardo auffällig ist oder vermutet wird, seine Homosexualität, seine Unfähigkeit, sich in seiner künstlerischen Arbeit zu entscheiden und seine Werke zur Vollendung zu bringen, sein unstetes Leben; selbst das Lächeln der Gioconda wird zum Lächeln der Mutter, das schrankenlose Zärtlichkeit und unheilverkündende Drohung enthält (Freud 1910, GW VIII, S. 186). Je unsicherer die Grundlagen sind – denn nach wie vor bleibt als einzig gesichertes Zeugnis der Quellen Leonardo im Haushalt des *padrone* –, desto drängender wird Freuds Rhetorik über die alles entscheidende Rolle Caterinas:

«Denn die Zärtlichkeit der Mutter wurde ihm zum Verhängnis, bestimmte sein Schicksal und die Entbehrungen, die seiner warteten. Die Heftigkeit der Liebkosungen, auf die seine Geierphantasie deutet, war nur allzu natürlich; die arme verlassene Mutter mußte all ihre Erinnerungen an genossene Zärtlichkeiten wie ihre Sehnsucht nach neuen in die Mutterliebe einfließen lassen; sie war dazu gedrängt, nicht nur sich dafür zu entschädigen, daß sie keinen Mann, sondern auch das Kind, daß es keinen Vater hatte, der es liebkosen wollte. So nahm sie nach der Art aller unbefriedigten Mütter den kleinen Sohn an Stelle ihres Mannes an und raubte ihm durch die allzu frühe Reifung seiner Erotik ein Stück seiner Männlichkeit. Die Liebe der Mutter zum Säugling, den sie nährt und pflegt, ist etwas weit tief greifenderes als ihre spätere Affektion für das heranwachsende Kind. Sie ist von der Natur eines vollbefriedigenden Liebesverhältnisses, das nicht nur alle seelischen Wünsche, sondern auch alle körperlichen Bedürfnisse erfüllt, und wenn sie eine der Formen des dem Menschen erreichbaren Glückes darstellt, so rührt dies nicht zum mindesten von der Möglichkeit her, auch längst verdrängte und pervers zu nennende Wunschregungen ohne Vorwurf zu befriedigen» (Freud 1910, GW VIII, S. 187 f.).

Wie gesagt, wir wissen von dieser intensiven Beziehung zwischen Leonardo und Caterina nichts. Die Wahrscheinlichkeit spricht ebenso gegen sie wie die Betrachtung der sozialgeschichtlichen Situation in einer toskanischen *comune* des Quattrocento, in die Freud jene Familiendynamik projiziert, mit der er in «Totem und Tabu» sogar die «Urhorde» ausrüstet. Aber wir wissen recht genau Bescheid über Freuds Kindheit, unvergleichlich besser als über die Leonardos. Dieses Wissen belehrt uns, daß Freud überall dort, wo ihn die Quellen im Stich ließen, wie selbstverständlich eigene Erfahrungen einsetzte. Die innige Nähe zur Mutter, die Ferne des Vaters (der vom Alter her Freuds Großvater hätte sein können), die gleichsam blinde Idealisierung der Mutter-Sohn-Beziehung gehören in Freuds Biographie.

Die Freud-Biographik ist in den letzten Jahren respektloser geworden, hat Aussagen, die lange Zeit unangefochten waren, als Selbstmystifizierungen zu enttarnen gesucht. Die innige Nähe und die Ambivalenzfreiheit der Mutter-Sohn-Beziehung, die privilegierte Position des «goldenen Siegi» verdecken vielleicht eine tiefe Enttäuschung über Einfühlungsmängel der jungen, von rasch aufeinanderfolgenden Geburten und dem Tod des Sigismund folgenden Brüderchens belasteten Mutter. Andere Hypothesen richten sich auf die Person des Vaters *, wollen gar genügend Beweise gesam-

* Marianne Krüll, Freud und sein Vater, München (Beck) 1979

melt haben, um zu vermuten, daß er den kleinen Sigismund mißbraucht und in seiner männlichen Identität verunsichert hat. Obwohl gewiß nicht wenig von dem, was Freud als «ideelle Homosexualität» beschreibt und Leonardo unterstellt, für ihn selbst zutrifft (er selbst beurteilte Ferenczi gegenüber sein Verhältnis zu Wilhelm Fließ so), habe ich Spekulationen über eine homosexuelle Nötigung immer für weit hergeholt gehalten; die Quellen sind nicht gesichert. Aber Freuds Leonardo-Studie erweist eine beträchtliche Mühe, die *naheliegende* Interpretation der «Geierphantasie» als Szene einer *homosexuellen* Nötigung zum Oralverkehr zu verlassen und sie durch die erheblich kompliziertere Deutung einer Verführung durch die zärtlich küssende Mutter zu ersetzen. Freud sah die Gefahr für das seelische Gleichgewicht Leonardos nicht in einem *Mangel* an Liebe und Rücksicht, sondern in Caterinas *überschwenglicher* Zärtlichkeit.

3

Die Wurzeln der Moderne

Wir gingen davon aus, daß es kein zufälliges Versehen, sondern eine bedeutungsvolle, hochgradig verdichtete Aktion
ist, wenn Freud, um die Eigenständigkeit, das gänzlich Neuartige seiner Theorie und therapeutischen Technik zu formu-
lieren, auf einen Satz Michelangelos zurückgreift, diesen
aber Leonardo zuordnet. Beide Künstler hatten für Freud
eine besondere Bedeutung.

Die Renaissance gilt als Epoche, in der zum ersten Mal in
historischer Zeit der Geniebegriff und die Kategorie der intellektuellen Innovation durch ein unerschrockenes Individuum erscheinen. In dieser Tradition sah sich Freud neben
Kopernikus und Darwin. Die Psychoanalyse baute auf diesel-
ben Errungenschaften wie die Neuzeit: Diese sind Errungenschaften der Renaissance. Im Mittelalter war die antike Über-
lieferung keineswegs verloren. Es gelang jedoch nicht, sie als
historisches Phänomen zu verstehen. Einerseits war die Tradition so ungebrochen, daß der deutsche Kaiser den Römer
Gajus Julius Cäsar als unmittelbaren Vorläufer in seine Ge-
nealogie aufnahm. Andrerseits hatte die antike Kultur mär-
chenhaften Charakter gewonnen. Vergil erschien als orienta-
lischer Zauberer, ein römisches Grab galt dem französischen
Baumeister des 13. Jahrhunderts Villard de Honnecourt als
Denkmal für einen Sarazenen. Die antiken Materialien wurden als Steinbruch verwendet; die Scholastiker bauten Über-
setzungen des Aristoteles in ihre Gedankengebäude ein wie
die Baumeister romanischer Kirchen geraubte Säulen aus
antiken Tempeln. Kein Denker des Mittelalters konnte sich
eine antike Philologie vorstellen, eine Erforschung der archäologischen Zeugnisse. «Ebenso, wie es dem Mittelalter

unmöglich war, das moderne System der Perspektive zu erarbeiten, das auf der Erkenntnis einer feststehenden Entfernung zwischen dem Auge und dem Gegenstand beruht und es so dem Künstler ermöglicht, umfassende und folgerichtige Bilder sichtbarer Dinge herzustellen, war es ihm unmöglich, die moderne Idee der Geschichte zu entwickeln* , die auf der Erkenntnis einer intellektuellen Entfernung zwischen der Gegenwart und der Vergangenheit beruht und es dem Gelehrten ermöglicht, umfassende und folgerichtige Vorstellungen vergangener Epochen zu etablieren» (Panofsky 1980, S. 49).

Als charakteristische Haltung des Mittelalters hat Panofsky die Trennung der antiken (literarischen) Themen von den antiken (bildnerischen) Motiven beschrieben. Während in den karolingischen Manuskripten die alten Götter kläglich kopiert, aber in ihren Merkmalen gut erkennbar sind, wird im Mittelalter Venus eine elegante junge Dame, die an einer Rose riecht, Jupiter ein Richter, Merkur ein alter Gelehrter, sogar ein Bischof. Die Tatsache, daß unser modernes Ich vor allem durch ein Bewußtsein seiner Geschichtlichkeit geformt ist, zeigt sich an der Wiedervereinigung der antiken Themen mit den zugehörigen Motiven in der Renaissance. Nun wird aus Venus wieder eine verführerische, nackte Göttin, Jupiter nimmt das Aussehen des antiken Zeus an, Merkur gewinnt seine jugendliche Schönheit zurück (Panofsky 1980, S.47). Es war die Erkenntnis der eigenen Vergangenheit *als* Vergangenheit, das plötzlich erwachende Wissen um den möglichen Verlust und die mögliche Eroberung einer anderen geistigen Welt als der, die einen umgab. Die Wiedergeburt der Antike, ihre systematische Erforschung, beeinflußte nicht nur die Kunst, die Dichtung und die Architektur, sondern verwan-

---

✖ Die Psychoanalyse läßt sich als Einführung dieser historischen Perspektive in die Betrachtung der Kindheit verstehen.

delte den Menschen selbst. Er fand nicht nur verschüttete Mosaike und vergrabene Götterbilder, die ein gnädiges Geschick vor dem Kalk-Brennofen bewahrt hatte. Er machte sich nicht nur auf, um neue Kontinente zu suchen, sondern er entdeckte auch sich selbst. Die Tatsache, daß die Antike Vergangenheit war und doch als Antithese zur Gegenwart verwendet werden konnte, führte zu etwas anderem als einer Rückkehr zu den griechischen und römischen Texten oder Bildern. Das Christentum hatte das Denken der Menschen zu sehr verändert, als daß sie sich wieder in Heiden hätten verwandeln können. Die Renaissance war eine reflektierte Erneuerung, in der aus dem Vergleich zweier, nun plötzlich als unterschiedlich erkennbarer Welten etwas Drittes entstand: ein Bewußtsein der individuellen Geschichte, der Schicksalhaftigkeit eigener Entscheidungen, der Möglichkeit, zwischen Unterwerfung und Rebellion, zwischen Leben und Tod zu *wählen*, wie es nach Abschluß dieses Entwicklungsprozesses Hamlet in seinem Monolog über «Sein oder Nichtsein» ausdrückt. Das während des Mittelalters erstarkte Bürgertum hatte in Italien den Papst benützt, um sich von den feudalistischen Herren loszusagen, die mit dem Kaiser paktierten. Jetzt benützte es die Antike, um sich von der päpstlichen Macht zu distanzieren und jene eigene, wählerische Identität zu gewinnen, die den in der Renaissance entstehenden modernen Menschentypus auszeichnet. Die bürgerliche Aufklärung, als deren kritischer Erbe der Psychoanalyse angesehen werden kann, setzte fort, was damals begonnen worden war.

Als «Sternstunde» der Renaissance wird meist die Eroberung Konstantinopels durch die Osmanen 1453 angegeben, ein Jahr nach Leonardos Geburt. Mit dem italienischen Hilfskorps, das rechtzeitig floh und so entkam (im Gegensatz zu den byzantinischen Edlen, die den Tod in der Schlacht suchten), erreichten auch griechischsprechende Gelehrte in größerer Zahl den barbarischen Westen. Sie waren notgedrungen entschlossen, jetzt dort Wurzeln zu schlagen. Zu anderen Zeiten wäre ihr Einfluß vielleicht untergegangen. Jetzt fügte er sich in die Bedürfnisse eines kosmopolitisch gewordenen Großbürgertums.

Sein exemplarischer Vertreter war Lorenzo de' Medici, genannt *il Magnifico*, Gönner zahlreicher Künstler (darunter auch Michelangelos, der als junger Mann vier Jahre im Haushalt Lorenzos lebte und diesen erst nach dessen Tod im Jahr 1492 verließ). Lorenzo war es auch, der die Platonische Akademie von Florenz förderte, deren führendem Geist, dem Arzt, Theologen und Philosophen Marsilio Ficino (1433 bis 1499), schon Lorenzos Vater Cosimo de' Medici eine Villa in Careggi bei Fiesole geschenkt hatte.

Ficino muß eine charismatische und dabei liebenswürdige Persönlichkeit gewesen sein. Er gewann Männer als Freunde, die geistig ganz unabhängig von ihm blieben: neben Lorenzo de' Medici, auch Cristoforo Landino (den Autor von Vergil-, Horaz- und Dante-Kommentaren sowie der seinerzeit berühmten «Disputationes Camaldulenses»), Pico della Mirandola und Angelo Poliziano.

Der Wissenschaft unserer Zeit ist es fremd geworden, Welttheorien aufzustellen, in denen Gott, die Gestirne, Engel und heidnische Götter, Tiere, Pflanzen und der Mensch in einen Zusammenhang gebracht werden. Ein Denker wie Ficino erfüllte in dieser Phase des Übergangs eine wichtige Funktion. Er vermittelte das neue Wissen in einem Zusammenhang, der die alten Bindungen nicht auflöste. Gleichzeitig muß man an die Fabel vom Trojanischen Pferd denken. In der Meinung, ein Abschiedsgeschenk sich geschlagen gebender Feinde zu erhalten, wird in den abweisenden Mauerring genommen, was diesen schließlich zerstört.

Kurz zusammengefaßt, entfaltet sich das neuplatonische

System Ficinos in vier Rangordnungen: dem Weltgeist (dem *nous* Platons), wie Gott unverweslich, aber im Gegensatz zu ihm vielgestaltig. Er enthält die Ideen im platonischen Sinn, die Ficino kühn mit den Engeln gleichsetzt. Sie sind Urbilder all dessen, was in den tieferen Bereichen existiert. Darunter kommt die Weltseele (griechisch *psyche*), die unverweslich, aber nicht mehr unveränderlich ist, identisch mit der himmlischen, translunaren Welt, die in die neun Sphären (ein Mythos, dessen Ursprung auf Pythagoras zurückreicht und vielleicht dahinter noch babylonische oder indische Wurzeln hat) eingeteilt ist: den Feuerhimmel, die Sphäre der Fixsterne, die sieben Sphären der «Planeten», zu denen neben Saturn, Jupiter, Mars, Venus und Merkur auch die Sonne (Sol, zwischen Mars und Venus) sowie der Mond (Luna, zwischen Merkur und der Erde) gehören. Die dritte Sphäre ist die sublunare, irdische Welt, das Reich der Natur, verweslich und zu eigener Bewegung unfähig, aus Form und Materie gebildet, durch den *nodus* oder das *vinculum* (Knoten, Band) mit der himmlischen Welt verbunden, welche die träge Materie beweglich macht und in ihr einen Schatten der göttlichen Formen weckt, der sich wieder auflöst, wenn die himmlische Form in ihr Reich zurückkehrt. Die vierte Sphäre schließlich ist das Reich der Materie, formlos und leblos, mit Gestalt, Bewegung, eigentlich sogar Existenz nur ausgerüstet, wenn sie sich mit der Form vereint, um so das Reich der Natur aufzubauen.

Das neuplatonische Universum ist nicht statisch, sondern ein «göttliches Tier» (*divinum animal*); von Gott aus, der nicht im Universum ist, wohl aber es in ihm, fließt ein ständiger Strom göttlicher Liebe durch die Sphären und die Natur bis in die Materie und kehrt von dort aus wieder zurück. Dieser *circuitus spritualis* war eine von Ficinos Lieblingsideen (Panofsky 1980, S. 206). So hat die sublunare Welt ihren Anteil an der Schönheit und Liebe Gottes und an der Vollkommenheit seiner Ideen; jeder Mensch, jedes Tier, jede Pflanze wird kosmisch von allen Sphären «beeinflußt». Die Astrologie fügt sich problemlos in dieses System. Es gibt keine Grenze zwischen Wissenschaft und Magie, ähnlich wie bei Pythagoras. Astrologische Talismane haben vergleichbare Wirkungen wie Heilpflanzen, die ihre Kraft ebenfalls den Himmelskörpern danken. In seinem Plotin-Kommentar identifiziert Ficino die christliche Hölle und das Wirken des Teufels mit dem Widerstand der Materie gegen die göttliche Form. Doch ist die Materie nicht an sich böse, sonst könnte sich die Natur nicht realisieren; sie muß allerdings Böses verursachen, weil sie dazu neigt, gestaltlos zu bleiben und die ihr aufgezwungenen Formen wieder abzuwerfen. So sind himmlische Formen «rein, vollkommen, wirkend, leidenschaftslos und friedlich», während die sublunare Verunreinigung durch die «non-ens» Welt der Materie die (menschliche) Natur nicht nur vergänglich, sondern auch «krüppelhaft, wirkungslos, unzähligen Leidenschaften unterworfen» macht (Ficino, Kommentar zu Plotin, zit. n. Panofsky 1980, S. 207).

So ist die Natur – und mit ihr der Mensch – beides: voller Kraft und Schönheit, der Vollkommenheit eingedenk und aussichtslos um sie ringend. Die Erde bietet dem Menschen Zugang zur göttlichen Vernunft und unterwirft ihn unendlichen Kämpfen. So war es für die Neuplatoniker selbstverständlich, die Schönheit und die Jugend zu preisen (wie in Lorenzos unvergessenen Versen*), gleichzeitig aber die irdische Welt als Gefängnis zu beklagen, in dem alle reinen Formen getrübt, entstellt, verwirrt und durch das Wüten der Menschen zueinander und gegen die Natur zerstört werden.

Es ist oft behauptet worden, die moderne Philosophie

beginne mit Descartes und seiner berühmten Unterscheidung zwischen der *res extensa* – der Materie – und der *res cogitans* – der Vernunft. In mancher Hinsicht hat Descartes (1596 bis 1650) das neuplatonische System konsequent zu Ende geführt, es vereinfacht und radikal auf das denkende Individuum konzentriert, das am Ende nur noch des Zweifels an der eigenen Existenz wahrhaft gewiß sein kann. Bei Ficino und seinen Nachfolgern spiegelt sich der Aufbau der Welt, ihre Teilung in ein materielles Reich der Natur und ein immaterielles, translunares Reich geistig-göttlicher Einflüsse in der menschlichen Existenz. Der Leib steht der Materie näher, ist eine ihr innewohnende Form, während die Seele nur locker mit ihr verbunden ist. Die Seele selbst besteht *anima prima* (erste Seele) und *anima secunda* (zweite Seele). Die zweite Seele ist mit dem Körper eng verknüpft, sie trägt die Fähigkeiten zur Fortpflanzung, Ernährung und zum Wachstum, die äußere Wahrnehmung durch die fünf Sinne und die innere Wahrnehmung, die Phantasie (*sensus intimus, imaginatio*). Im Gegensatz zur *anima rationalis* ist die *anima irrationalis* dem Schicksal (*fatum*) unterworfen.

Die *anima prima*, die höhere Seele, hat zwei Fähigkeiten: die Vernunft (*ratio*) und den Geist (*mens, intellectus*). Die Vernunft steht der *anima secunda* näher. Sie ordnet die Wahrnehmungen, welche die Sinnesorgane liefern, verbindet sie untereinander nach den logischen Gesetzen und entwirft Pläne, welche dem Menschen helfen, Macht über die Natur und über seinesgleichen zu gewinnen. Der Geist hingegen kann die Wahrheit unmittelbar fassen, er reicht bis zum *intellectus divinus*. Hätte er nicht teil an diesem, wäre es ihm schließlich nicht möglich, Begriffe wie Ewigkeit und Unendlichkeit zu ersinnen. Wie bei Plato blickt die Vernunft in den Spiegel der Reflexion und verliebt sich in sich selbst.

Die *anima prima* ist frei, sie kann sich von den niederen Trieben mitreißen lassen oder diese überwinden. Der Geist ist an diesem Kampf nicht unmittelbar beteiligt, denn er ist seiner Natur nach unparteiisch und auf Erleuchtung gerichtet. Da aber die Vernunft alleine die Ansprüche der Materie an den Menschen nicht abweisen kann, ist sie auf eine höhere Autorität angewiesen. Panofsky faßt es ein wenig ironisch, wenn er sagt, folglich sei «der Geist häufig gezwungen, auf den Tumult unter sich zu blicken, anstatt zum überhimmlischen Reich über sich hinaufzuschauen, wie es seine eigentliche Aufgabe ist» (Panofsky 1980, S. 209). Ob Freud in seinem berühmten Satz von der «leisen Stimme des Intellekts»*, die sich schließlich doch Gehör verschafft, diese Tradition der Renaissance-Denker bewußt fortgeführt hat?

⬚ «Wir mögen noch so oft betonen, der menschliche Intellekt sei kraftlos im Vergleich zum menschlichen Triebleben, und Recht damit haben. Aber es ist doch etwas Besonderes um diese Schwäche; die Stimme des Intellekts ist leise, aber sie ruht nicht, ehe sie sich Gehör geschafft hat» («Die Zukunft einer Illusion», 1927, GW XIV, S. 3).

4

Der Moses des Michelangelo

In den Verflechtungen der Kunsttheorie der Renaissance mit dem Neuplatonismus gewinnt das Grab Papst Julius II. eine besondere Bedeutung. Auf das Thema der gefesselten Sklaven wurde schon hingewiesen. Ficino nannte Platon einen «attisches Griechisch sprechenden Moses» (Panofsky 1980, S. 211), und Moses ist die zentrale Figur des Grabmals.

Die neuplatonischen Philosophen sehen die menschlichen Glücksmöglichkeiten kaum weniger pessimistisch als Freud. Auch für sie ist unsere Existenz von Grund auf widersprüchlich und durch unlösbare Konflikte bestimmt. Von Leidenschaften hin- und hergerissen, zwischen dem Gelingen und Scheitern seiner vernünftigen Pläne unsicher und voller Angst, mit einem Geist ausgerüstet, der sich oft seiner intuitiv-schöpferischen Aufgabe entfremdet, ist die unsterbliche *anima prima* immer unglücklich im Körper, voller Sehnsucht, endlich dorthin zurückkehren zu dürfen, woher sie kam.

Wie Freud in seinem Aufsatz über das Unbehagen in der Kultur (Freud 1930, GW XIV) die Hilfskonstruktionen aufzählt, mit denen sich die Menschen über ihr allzu schweres Leben trösten, haben auch die Neuplatoniker darüber nachgedacht, wie der Mensch die Möglichkeiten ausschöpfen kann, sein chronisches Scheitern im Diesseits auszugleichen. Zwei Wege wurden diskutiert: das tätige und das kontemplative Leben. In einem berühmten Dialog vergleicht Cristoforo Landino beide Prinzipien mit zwei Flügeln, welche die Seele zu höheren Sphären emportragen. Im Zeichen der Justitia (Gerechtigkeit) vervollkommnet die vom Geist erleuchtete Vernunft das menschliche Geschick auf Erden, wie die biblischen Gestalten Lea und Martha, kosmologisch mit Jupiter verbunden. Im zweiten Fall sucht der Geist unmittelbare Nähe zum Göttlichen, unterstellt sich dem Zeichen der *religio* an den älteren Saturn, welcher der Sphäre des Feuerhimmels (*Empyreum*) am nächsten ist. Das kontemplative Leben steigert die moralischen Tugenden durch die Suche nach den Ideen, orientiert sich an den biblischen Gestalten von Rahel und Maria, erreicht vollendetes Glück nur in jenen Augenblicken, in denen – wie Ficino sagt – der Geist, «mit immateriellem Auge sehend», nicht nur den Körper, sondern auch die Vorstellungen verläßt und zu einem «Werkzeug des Göttlichen» wird (zit. n. Panofsky 1980, S. 210). Die Mystik des Ficino beschreibt die gegenwärtig vor allem aus östlichen Lehren rezipierte Erfahrung der «Erleuchtung». Ficino verbindet hier die platonische Vorstellung der *theia mania*, des göttlichen Wahnsinns, mit christlichen Inhalten. Bevorzugte Beispiele sind Paulus und Moses, welche im ursprünglichen Entwurf des Julius-Grabs die Apotheose des Papstes begleiten sollten.

Hier führt der lange, aber hoffentlich nicht unergiebige Umweg über die neuplatonische Bewegung in Florenz zurück zu jenem Künstler, der den Satz von der Bildhauerei *per forza di levare* prägte und wie kein zweiter versuchte, die Gedanken Ficinos und Pico della Mirandolas in seinen Werken auszudrücken.

Michelangelo war nicht nur, wie andere Künstler des 16. Jahrhunderts, neuplatonisch beeinflußt; das war sein Opponent Leonardo auch, nicht anders als Tizian, Giorgione, Baccio Bandinelli oder Il Bronzino, selbst Cranach und Dürer. Für Michelangelo war die neuplatonische Lehre kein interessantes theologisches System oder gar eine Tagesmode, die fesselnde Sujets für seine künstlerische Arbeit lieferte, sondern eine Anschauung der Welt, ein existentielles Bedürfnis, mit dem er einen Sinn in jener dauernden, quälenden Unzufriedenheit finden konnte, die ein Merkmal seines Genies ist. Das menschliche Leben ist unwirklich, aufgenötigt, durch seltene, immer wieder getrübte Augenblicke der Erleuchtung erträglich. Der Mensch ist in ihm eingeschlossen wie die Figur im Marmor. Wer Michelangelos Statuen mit denen eines Bildhauers der Hochrenaissance – etwa Donatellos – und denen eines genialen Manieristen wie Benvenuto Cellini vergleicht, der gewinnt den Eindruck, daß es für Michelangelo geradezu ein Stilprinzip war, «es sich schwerzumachen». Donatello war noch so stark in der mittelalterlichen Tradition verwurzelt, daß ihn auf dieser sicheren Basis die Wiederentdeckung der antiken Formen sehr bereichert hat. Cellini hingegen ist bereits ein neuer Menschentyp, ein ehrgeiziger Individualist, dem seine künstlerische Selbstverwirklichung jede religiöse Bindung ersetzt.[*]

Panofsky hat versucht, diese innere Spannung Michelangelos in seinem skulpturalen Stil zu identifizieren. Dieser «*quält* den Betrachter, nicht, indem er ihn um die Figur herumzwingt, sondern, viel wirkungsvoller, indem er ihn vor Körpermassen *aufhält*, die an die Wand gekettet oder in eine flache Nische halb eingesperrt zu sein scheinen und deren Formen einen stummen, tödlichen Kampf von Kräften ausdrücken, die für immer ineinander verkrallt sind» (Panofsky 1980, S. 255). Diese Sätze treffen gewiß auf den Moses in der römischen Kirche San Pietro in Vincoli. Während die *figura serpentinata* der Manieristen von allen Seiten nach dem Blick des Betrachters verlange und scheinbar in jede Richtung gedreht werden könne, als sei sie aus weichem Material, seien Michelangelos Gestalten einem Raumsystem von «geradezu

---

❎ Cellini war ein typischer Bildner ‹per via di porre›, der den Bronzeguß weit höher schätzte als die Steinmetzarbeit. Als Höhepunkt seines Lebens beschreibt er den schwierigen Guß des Perseus, der heute in der Loggia dei Lanzi in Florenz steht

ägyptischer Strenge» unterworfen, sagt Panofsky weiter. «Aber die Tatsache, daß dieses Raumsystem Organismen von vollkommen unägyptischer Vitalität aufgezwungen worden ist, erweckt den Eindruck eines endlosen inneren Konflikts» (Panofsky 1980, S. 255). Er zitiert in diesem Zusammenhang C. R. Morey, der diesen Konflikt genauer benannt hat: «Michelangelos mächtige gehemmte Gestalten spiegeln die Unvereinbarkeit von christlichem Gefühl und antikem Ideal, von freiem Menschenwillen und dem Willen Gottes wider: die rationalen Formen klassischer Skulptur waren nicht für die Ekstase einer christlichen Mystik gemacht, sie winden sich, von einem unbekannten Geist besessen, und verraten durch brutale Verzerrungen widersprüchliche Proportionen und uneinheitlichen Aufbau die Stärke des Zusammenpralls des mittelalterlichen Christentums mit der Renaissance» (C. R. Morey 1935, S. 620, zit. n. Panofsky 1980, S. 292).

Michelangelo war stark von den Neuplatonikern beeinflußt. Im Haushalt der Medici, die junge, begabte Künstler förderten, war Angelo Poliziano einer seiner Lehrer. Er war zusammen mit Lorenzo de' Medici erzogen worden, der ihm später seine eigenen Kinder anvertraute. Poliziano, mit Ficino eng befreundet, war Mitglied der «Akademie». Von Michelangelo ist weiter bekannt, daß er ein ausgezeichneter Dante-Kenner war. Da niemand Dante ohne Kommentar las und fast alle vor 1500 gedruckten Dante-Ausgaben von Cristoforo Landino kommentiert waren, sah Michelangelo den Dichter durch die Augen eines Neuplatonikers; in der Tat ist die Konzeption der «überirdischen» Liebe bei Dante mit jener Ficinos eng verwandt. Der Gestus des Scheiterns in der Sehnsucht, eine große Idee zu verwirklichen, ist nicht nur in dieser neuplatonischen Philosophie enthalten, Michelangelos Biographie scheint ihn zu wiederholen, der Maxime Ficinos getreu, daß sich der Makrokosmos im Mikrokosmos spiegelt.

Michelangelos unvollendetes «Lebenswerk», von dem ihn so viele andere Aufgaben ablenkten, war das Monument für Papst Julius II., zu dessen vollendeten Teilen der «Moses» gehört. Nach dem ersten Entwurf war das Grabmal ein frei stehender Bau, etwa so groß wie ein modernes Einfamilienhaus (12 mal 18 Ellen, also etwa sieben mal elf Meter), geschmückt von mehr als vierzig Statuen, vielen dekorativen Skulpturen und sechs Bronzereliefs, welche die Taten des Papstes darstellten. An den Ecken des Gesimses standen vier große Figuren, von denen nur der Moses fertiggestellt wurde; außer ihm waren es Paulus, die Vita Activa und die Vita Contemplativa, wohl in der Gestalt von Frauen, vielleicht bereits in der von Lea und Rahel. Eine Stufenpyramide führte zu einer zweiten Plattform, auf der zwei Engel eine Sänfte mit dem Bild des sitzenden Papstes tragen sollten: der eine lächelnd, als wäre er froh, daß der Papst unter die Seligen aufgenommen wurde; der zweite weinend, als wäre er betrübt darüber, daß die Welt einen solchen Mann verloren hat (Panofsky 1980, S. 263).

Warum Moses? Er wird von den Florentiner Neuplatonikern stets, zusammen mit Paulus, gelegentlich auch neben Platon selbst, als Mann aufgefaßt, der beide hohen Ziele erreicht hat: *iustitia* und *religio*, tätige Rechtschaffenheit, welche Voraussetzung, aber nie Ersatz für kontemplative Erleuchtung ist. Die beiden großen Glaubensstifter und Gesetzgeber haben nach neuplatonischer Lehre schon während ihres irdischen Lebens Berührung zu dem Prinzip jenseits der Sphären gewonnen, haben IHN mit dem inneren Auge geschaut und sind so zu Mittlern zwischen der Sphäre des bloß Irdischen (am Grabmal verkörpert durch die gefesselten «Sklaven») und den beiden Engeln geworden, welche den Papst in die Unsterblichkeit tragen.

Am vierten Tag seines ersten Besuchs in Rom im Jahre 1901 wanderte Freud vom «unschönen Corso Cavour» zu der «verlassenen Kirche» von San Pietro in Vincoli. Später sagt er: «Ich habe von keinem Bildwerk je eine stärkere Wirkung erfahren» (Freud 1914, S. 174, GW X). Er schrieb auf einer Postkarte an seine Frau, er habe den Moses gesehen, und setzte hinzu: «Plötzlich durch Mich.[elangelo] verstanden.» Was dieser Zusatz bedeutet, ist bis heute nicht geklärt. Wahrscheinlich hat Freud Reproduktionen des Moses gekannt, auch einen Gipsabguß, der in Wien in der Akademie der bildenden Künste stand (Jones 1955 / 1984, II, S. 430). In seinem Aufsatz weist er darauf hin, daß dieser Abguß in einem für seine Deutung wesentlichen Detail, der Form der beiden Gesetzestafeln, «ganz unrichtig wiedergegeben» ist (Freud 1914, S. 190).

Am 12. April 1933 schrieb der 77jährige Freud an Edoardo Weiß, der den «Moses des Michelangelo» übersetzte, er habe zu dieser Arbeit «eine Beziehung wie zu einem Kind der Liebe. Durch drei einsame September-Wochen bin ich 1913 alltäglich in der Kirche vor der Statue gestanden, habe sie studiert, gemessen, gezeichnet, bis mir jenes Verständnis aufging, das ich in dem Aufsatz doch nur anonym auszudrükken wagte» (zit. n. E. Jones 1955, II, S. 432). Obwohl ihn die Mitglieder des «Komitees» ermutigten, das uneheliche Kind zu legitimieren – Karl Abraham meinte, die Klaue des Löwen sei ohnehin unverkennbar –, blieb Freud bei der anonymen Veröffentlichung und begründete diesen Entschluß Abraham gegenüber: «Der Moses ist anonym zum Teil des Scherzes halber, zum anderen Teil aus Verschämtheit wegen des deutlichen Dilettantismus, dem man ja in den Imagoarbeiten schwer entgeht, endlich weil mein Zweifel am Resultat stärker ist als sonst und ich nur auf Drängen der Redaktion überhaupt publiziert habe» (Freud / Abraham 1965, S. 166).* Es steckt Koketterie in diesen Argumenten. Hätte Freud die Arbeit nicht publizieren wollen, wäre es recht einfach für ihn gewesen, sie den Redakteuren nicht zu zeigen. Das zu tun und zu erwarten, sie würden ihm nicht zureden, seine Bedenken aufzugeben, verrät einen «Komplex», wie der damals noch sehr beliebte Ausdruck lautete.

Der «Moses des Michelangelo» sagt wenig über Michelangelos ästhetische Absichten, aber sehr viel über die Beziehung Freuds zur Kunst. Es ist eine Haßliebe, wobei der Haß im Fall des «Moses» zum Teil projiziert wird – in eine mögliche «feindliche» Ablehnung von seiten der Imagoleser. «Ich habe oft bemerkt», sagt er einleitend, «daß mich der Inhalt eines Kunstwerkes stärker anzieht als dessen formale und technische Eigenschaften, auf welche doch der Künstler in erster Linie Wert legt. ... Aber Kunstwerke üben eine starke Wirkung auf mich aus, insbesondere Dichtungen und Werke der Plastik, seltener Malereien. Ich bin so veranlaßt worden, bei den entsprechenden Gelegenheiten lange vor ihnen zu verweilen, und wollte sie auf meine Weise erfassen, d. h. mir begreiflich machen, wodurch sie wirken. Wo ich das nicht kann, z. B. der Musik, bin ich fast genußunfähig. Eine rationalistische oder vielleicht analytische Anlage sträubt sich in mir dagegen, daß ich ergriffen sein und dabei nicht wissen solle, warum ich es bin und was mich ergreift» (S. Freud 1914, S. 172). Diese Formulierung beschönigt eine verborgene Ab-

* Jones zitiert diesen Brief ganz anders, wobei es sich nicht nur um eine Entstellung durch die Rückübersetzung des deutschen Originals handeln kann, vgl. Jones 1955 / 1984 II, S. 431. Er spricht von 1., 2., 3.; aus «Drängen» wird «Druck der Redakteure». Die Aneinanderreihung von Gründen hat Freud in der «Psychopathologie des Alltagslebens» als Abwehrmechanismus beschrieben; die Überdeterminierung wird in der Aussage «zum Teil ... zum anderen Teil ... endlich» deutlich.

neigung Freuds, die frühe Wurzeln hat, aber sein Kunstverständnis bis zu den Arbeiten über Leonardo und Michelangelo geprägt hat.

In einem der Briefe an Martha Bernays (vom 28. 10. 1883) schreibt Freud: «Ich glaube, es besteht eine generelle Feindschaft zwischen den Künstlern und uns Arbeitern im Detail der Wissenschaft. Wir wissen, daß jene in ihrer Kunst einen Dietrich besitzen, der alle Frauenherzen mühelos aufschließt, während wir gewöhnlich vor den seltsamen Zeichen des Schlosses ratlos dastehen und uns quälen müssen, auch erst den passenden Schlüssel zu finden» (zit. n. Clark 1981, S. 169). Anlaß dieser Kriegserklärung war, daß zu den Rivalen Freuds um die Gunst seiner künftigen Frau der Maler Fritz Wahle und der Komponist Max Meyer gehörten. Unterlegenheitsgefühle und der heimliche Neid auf den diebischen Zugang zu den Menschen (der «Dietrich» des Künstlers gegenüber dem «Schlüssel» des Wissenschaftlers) sind mitverantwortlich dafür, daß Freud die «Wissenschaftlichkeit» der Psychoanalyse betont und ihre künstlerischen Qualitäten verleugnet hat. Er produziert einen scharfen Gegensatz, wo es in Wirklichkeit nur fließende Übergänge und wechselnde Perspektiven gibt.

Jones hat in seiner Charakterisierung Freuds beschrieben, daß dieser einen Gegenstand anscheinend nur dann geistig fassen konnte, wenn er ein Gegensatzpaar konstruierte (Jones 1955 II, S. 494). Ein solches Gegensatzpaar sind auch das Lustprinzip und das Realitätsprinzip. Der Wissenschaftler und der Künstler werden ihnen so zugeordnet, daß der Künstler dem Lustprinzip gehorcht und seine Phantasie so gestaltet, daß sie angenehm wirkt, während der Wissenschaftler dem Realitätsprinzip verpflichtet ist. (In diesem Kontext wird auch verständlich, weshalb sich Freud so standhaft weigerte, dem Zureden von C. G. Jung und Eugen

Bleuler zu folgen, seinen weiten Begriff des «Sexuellen» wegen seiner Anstößigkeit aufzugeben). In dieser Dichotomie geht verloren, daß auch die wissenschaftliche Forschung ihren Lustgewinn hat, zum Beispiel die Befriedigung von Allmachtsphantasien. Andrerseits erreicht die Kunst Möglichkeiten der Realitätserfassung, die der Wissenschaft fehlen – etwa im Ausdruck grundlegender menschlicher Befindlichkeit, in der Transposition und Verdichtung existentieller Probleme.

Warum erlebt Freud nach seinem eigenen Zugeständnis die Werke der Plastik stärker als die der Malerei? Stehen sie für ihn der «Wissenschaft» näher? Sicherlich, wenn wir an die Gleichsetzung der «wissenschaftlichen» Psychoanalyse mit der Skulptur (*per via di levare*), der «unwissenschaftlichen» (künstlerischen, an die Phantasie appellierenden) Suggestion mit der Malerei (*per via di porre*) denken. Freud stand in seinem Verhalten, Wissenschaft und Kunst, Plastik und Malerei einander vergleichend (und bewertend) gegenüberzustellen, der mittelalterlichen, in der Renaissance neue Formen findenden Auseinandersetzung verschiedener *artes* um den Vorrang nahe. Nach den Disziplinen der Medizin, Jurisprudenz, Philosophie und Theologie stritten auch die schönen Künste um die Herrschaft, vor allem die Malerei und die Bildhauerei.

«Diese oft schulmeisterliche und leere Diskussion über die Würde der einen oder der anderen der bildenden Künste oder ihren Wert im Vergleich mit der Musik und der Dichtkunst stand in der Renaissance an der Stelle einer eigentlichen Ästhetik; für Leonardo war sie von grundlegender Bedeutung, denn sie beherrschte den gesamten Bau seiner ‹neuen Wissenschaft›. Es geht ihm darum, der Malerei den höchsten Platz unter den geistigen Tätigkeiten zuzuweisen» (A. Chastel 1990, S. 129). Um sich von dem theologischen

Herrschaftsanspruch zu befreien, berief sich Leonardo auf die Empirie, allerdings nicht in unserem gegenwärtigen, positivistisch gefärbten Sinn. Er gibt den darstellenden Künsten, die ein Ganzes auf einmal anschaulich machen können, den Vorrang vor Musik und Literatur, die ihre Schönheit nur durch eine Folge von Tönen oder Worten in der Zeit entfalten können.* Am Ende bleiben Bildhauerei und Malerei als Rivalen übrig. Hier gebührt der Malerei der Vorzug, weil sie das Licht selbst, die Perspektive, die Farben geistig erfaßt und in ein Werk der Hände umsetzt, das unendlich vielfältiger ist als das Wirken der Natur selbst.

Die Stelle aus dem Codex Urbinas von Melzi wurde bereits zitiert, in der Leonardo die schmutzige Arbeit des Bildhauers mit der reinlichen Tätigkeit des Malers vergleicht. Aber dieses auf einen recht derben Geschmack zugeschnittene Argument ergänzt Leonardo durch ein anderes, das viel deutlicher auf der Höhe der Zeit ist und ähnliche Gedanken anderer Maler (zum Beispiel Giorgiones) vorwegnimmt.

«Da ich mich ebenso in der Bildhauerei wie in der Malerei versuche und die eine wie die andere in demselben Grad ausübe, glaube ich, ein nicht allzu parteiisches Urteil fällen zu können, welche von beiden mehr Geist verlangt, von größerer Schwierigkeit und Vollendung ist. Die Bildhauerei ist in erster Linie von einer bestimmten Beleuchtung abhängig, die von oben kommen muß, und die Malerei bringt allerorten Licht und Schatten selbst hin. Licht und Schatten sind also das Wichtigste für die Skulptur; dem Bildhauer kommt hier die Natur zu Hilfe, denn das Relief erzeugt Licht und Schatten selbst, während sie der Maler an den Stellen, wo es logischerweise die Natur machen würde, durch seine Erfindungskunst

---

▓ «Wenn der Dichter die Schönheit oder die Häßlichkeit eines Körpers beschreibt, läßt er ihn Glied für Glied und nacheinander vor dir erstehen, der Maler dagegen zeigt ihn dir ganz und gleichzeitig» (Leonardo, zit. n. C. U. 181 – 191 in Chastel 1990, S. 142).

anbringen muß. Der Bildhauer kann die Vielfalt der verschiedenartigen Farben der Gegenstände nicht ausdrücken, dem Maler aber gebricht es darin an nichts. Die perspektivische Sicht erscheint bei den Bildhauern gar nicht wirklich, die Perspektive des Malers scheint hundert Meilen hinter das Bild zu führen. Die Luftperspektive ist dem Werk der Bildhauer unbekannt. Sie können keine durchsichtigen Körper darstellen, auch keine leuchtenden Körper, keine Lichtstrahlen, keine glänzenden Körper, keine wie Spiegel oder ähnlich leuchtende Dinge, keine Nebel, kein trübes Wetter und unendlich viele Dinge mehr, die ich nicht sage, um niemanden zu langweilen. Aber eins hat sie der Malerei voraus: sie leistet der Zeit mehr Widerstand, wenngleich die Malerei durch dicke, mit weißem Email überzogene Kupferplatten, auf die mit Emailfarben gemalt wird und die dann im Ofen noch einmal gebrannt werden, eine ähnliche Widerstandskraft erreichen kann und sogar die Bildhauerei an Dauerhaftigkeit übertrifft.

Der Bildhauer kann sagen, es sei nicht leicht für ihn, einen einmal gemachten Fehler wieder zu beheben; es ist jedoch dürftig, wenn man beweisen will, daß durch ein nicht wieder zu behebendes Versehen ein würdigeres Werk entsteht. Ich sage aber, der Geist eines Meisters, dem solche Fehler unterlaufen, wird schwieriger wieder in Ordnung zu bringen sein als das Werk, das er verpfuscht hat ... denn wer zuviel wegmeißelt, versteht wenig und ist kein Meister, denn wenn er Herr über die Maße wäre, würde er nicht wegmeißeln, was er nicht wegmeißeln soll. Deshalb sagen wir, daß dies nicht ein Fehler des Materials ist, sondern des Schaffenden.

Aber die Malerei ist eine wunderbare Kunst und von feinster Spekulation durchdrungen, was der Bildhauerei völlig fehlt, weil sie nicht viel zu sagen hat» (Leonardo in Codex Urbinas, zit. n. Chastel 1990, S. 147).

Die Gegenüberstellung des Malers als Edelmann und des Bildhauers als schwitzenden Banausen könnte eine Spitze gegen Michelangelo enthalten.* Dessen Argument, der Maler könne einen Fehler jederzeit korrigieren, der Bildhauer in seiner mühevollen Arbeit *per forza di levare* jedoch nicht, sucht Leonardo mit einer merkwürdig geschraubten Verteidigung zu entkräften, die doch zeigt, daß die Kritik Michelangelos angekommen ist. Hinter dieser Auseinandersetzung steht jedoch viel mehr. Es geht um einen Kampf der Weltanschauung, in dem Leonardo das Prinzip der Sinnlichkeit und der Erfahrung vertritt, während Michelangelo die neuplatonische Geistigkeit dagegen setzt. Leonardo verharrt *in* der Welt und will als Krönung menschlichen Wirkens das vollkommene Gemälde. Michelangelo sucht in seiner Kunst eine Befreiung des Geistes *von* der Welt, von den Fesseln der Sinne. Gott gibt ihm die Kraft, den rohen, harten Stein in ein ergreifendes Bild des Ringens um die Befreiung aus der Kontamination mit der Materie umzuformen. Aber der Mensch ist seinem Wesen nach unerlöst, er kann nur danach streben, sich von seinen irdischen Fesseln zu befreien. In diesem Streben mag er eine hohe oder eine geringe Leistung erbringen – vollenden kann es nur Gott.

Beide Künstler lernten ihr Handwerk in Florenz. Während sich Michelangelo nach Rom orientierte und in seiner zweiten Lebenshälfte nur noch religiöse Stoffe gestaltete, entwikkelte sich Leonardo zum Forscher und Ingenieur, der vorwiegend weltlichen Herren diente. Er entfernte sich immer weiter von Rom – zuerst nach Mailand, später nach Frankreich; sein Aufenthalt am Hof des Papstes war nur kurz. «Das Erscheinen Leonardos ist nicht nur – wie etwa das Auftreten von Rubens oder El Greco – dadurch gekennzeichnet, daß

* A. Chastel, Chronique de la peinture italienne, S. 142

den Malern neue Probleme oder eine neue Seite der Probleme ihrer Kunst bewußt werden. Es äußert sich auch in Verirrungen, Forderungen und neuen Fixierungen, eigentlich in all dem, was darauf hindeutet, daß Leonardo aufgrund der Spannung, der Unruhe, der Fragen, der Kritik, kurz der intellektuellen und nervösen Reizungen, die er um sich verbreitete, ebensoviel zählte wie durch die Beispiele seiner Kunst. Und das mag auch der tiefere Grund dafür sein, daß er – 1513 mit sechzig Jahren nach Rom gekommen, um die Früchte seines Ruhms zu ernten – nicht in der Stadt Leos X. bleiben wollte, wo die lieblichen und die grandiosen Sicherheiten der damaligen Meister – Raffael, Bramante und Michelangelo – den Ton angaben» (A. Chastel 1990, S. 46).

«Ich bin sonst ganz Leonardo ...»[*]

Was faszinierte Freud an Leonardo? Wenn ich versuche, ohne Rücksicht auf historische Einzelheiten wirken zu lassen, was ich von den drei Persönlichkeiten Leonardo, Freud und Michelangelo für Bilder habe, scheinen sie nicht übel zueinander zu passen. Sie gehören zusammen. Nicht allein der Genie-Begriff verbindet sie, der zu Leonardos Zeit entstand und sich in Freuds Epoche wieder auflöste, sondern auch ein Zug, den man immerwährendes Ringen, titanischen Anspruch, rastlose Suche nach dem Unerreichbaren nennen kann: Freud, der in einsamer Selbstanalyse das Geheimnis der Träume findet, Michelangelo, der seine Gehilfen davonjagt und ganz allein in schwindelnder Höhe die Decke der Sixtinischen Kapelle bemalt, während ihm die Farbe ins Gesicht tropft und er auf festem Boden für eine Weile alle Dinge auf dem Kopf stehen sieht, Leonardo, der den Guß eines einzigartigen Reiterstandbildes vorbereitet hat und zusehen muß, wie gascognische Armbrustschützen das Tonmodell als Zielscheibe benutzen. Es sind faustische Gestalten, die sich niemals mit dem zufriedengeben, was sie haben, deren Werk in ihrem eigenen Urteil fragmentarisch und vorläufig bleibt, während Heere wuselnder Epigonen selbstzufrieden die Bruchstücke bewundern, aus Entdeckungen Anwendungen machen und – statt die hohe Idee zu begreifen und ebenfalls an ihr zu scheitern – platt die Resultate benutzen, nicht selten mit größerem Erfolg und mehr Nutzen als die Entdecker.

✠ S. Freud, Brief an C. G. Jung vom 6. März 1910 (Freud / Jung 1974, S. 332)

Es scheint verständlich, daß Leonardo und Michelangelo aufeinander eifersüchtig waren. Der Leonardo Mereschkowskis, von dem russischen Romancier zu einer jesusähnliche Gestalt stilisiert, ist ganz unschuldig an dieser Eifersucht. Aber Leonardos spöttische Bemerkungen über den Bildhauer zeigen doch, daß *er* den Fehdehandschuh warf. Freud hat es, rund vierhundert Jahre später und auf einem ganz anderen Gebiet tätig, viel leichter, die Größe beider Künstler wahrzunehmen und zu achten. Aber sein Umgang mit ihnen verrät, daß er ganz unterschiedliche Aspekte der eigenen Person bei Leonardo und bei Michelangelo unterbrachte. Leonardo ist für ihn auf der bewußten Ebene Patient, Analysand, Studienobjekt. In der ersten Erwähnung Leonardos, die aus Freuds Leben bekannt ist, einem Brief an Wilhelm Fließ, kündigt sich diese Bemächtigung an. Ich zitiere die drei letzten Abschnitte des Textes, um in den Zusammenhang (beziehungsweise die Zusammenhanglosigkeit) dieser Äußerung einzuführen:

«Martha ist lokal besser, aber müde und sieht nicht besonders aus. Den ganzen Sommer über Versagen der Darmtätigkeit, Verstopfung, die hie und da in einer gewaltsamen Entleerung ihr Ende fand, zuletzt in Ausee und dann auf der Reise die Koliken häufiger und schmerzhafter. Appetit nur während dieser Zeit gestört, dazwischen gut. Stuhl bei Koliken abwechselnd hart, glasiert und diarrhoisch. Sie trinkt jetzt Karlsbader, soll sich in einer Diät beschränken, Ölklysma machen usw., ist aber nie eine gute Patientin gewesen. Indes hat sie seit Beginn der Behandlung keinen Kolikanfall mehr gehabt.

Mathilde geht heuer in eine Schule, die Kleinen sind wohlauf. Ziehen hat die kleine Arbeit freundlich aufgenommen; Dein Rat scheint mir sehr gut, nur muß ich vor der Ausführung durch neue Erfahrung über einige Hauptpunkte aufgeklärt sein. Leonardo, von dem kein Liebeshandel be-

kannt ist, war vielleicht der berühmteste Linkshänder. Kannst du ihn brauchen?
Herzlichsten Gruß Dein Sigm.»*

Die «kleine Arbeit» ist der Aufsatz «Zum psychischen Mechanismus der Vergeßlichkeit», die Freud kurz vorher an Prof. Ziehen, den Herausgeber der «Monatsschrift für Psychiatrie und Neurologie», geschickt hatte. Der «Rat» betraf vielleicht die Buchpublikation, welche später (1901) im ersten Kapitel der «Psychopathologie des Alltagslebens» erfolgte. Und die Frage, ob Fließ Leonardo «brauchen» könne? Wahrscheinlich bezog sich Freud auf einen Einfall, den Fließ in seinem Buch «Der Ablauf des Lebens» veröffentlichte: Künstler weisen regelmäßig eine Betonung der linken Seite und damit eine «stärkere gegengeschlechtliche Mischung» auf als andere Leute.**

Erst 1909 taucht Leonardo da Vinci wieder in der veröffentlichten Korrespondenz Freuds auf. Aus dem Angebot an den Freund Fließ wird eine Nachricht an C. G. Jung, die Geste der Verfügung über die Welt ist energischer geworden, wenn auch ironisch gebrochen:

«Es freut mich, daß Sie meine Überzeugung teilen, die Mythologie müßte ganz von uns erobert werden. Bis jetzt haben wir nur die beiden Vorstöße: Abraham und Rank. Wir brauchen Männer, Arbeiter für weitere Feldzüge. Sie tauchen so spärlich auf. Auch die Biographik muß unser werden. Seitdem ich zurück bin, habe ich erst einen Einfall gehabt. Das Charakterrätsel Leonardo da Vinci ist mir plötzlich durchsichtig geworden. Das gäbe also einen ersten Schritt in die Biographik. Aber das Material über Leonardo ist so spärlich,

* Brief 179 der Ausgabe von J. M. Masson, Frankfurt 1986, S. 362

** W. Fließ, Der Ablauf des Lebens, Grundlegung der exakten Biologie, Leipzig–Wien 1906, S. 466

daß ich daran verzweifle, meine gute Überzeugung anderen faßbar darzustellen ... Unterdes will ich Ihnen das Geheimnis verraten. Erinnern Sie sich meiner Bemerkung in den ‹Infantilen Sexualtheorien› (zweite ‹Sammlung›) über das notwendige Fehlschlagen dieser primitiven Forschung der Kinder und der lähmenden Wirkung, die von diesem ersten Mißerfolg ausgehe? Lesen Sie die Worte nach, sie waren damals noch nicht so ernsthaft verstanden, wie ich sie jetzt verstehe. Nun so einer, der so früh seine Sexualität in Wißtrieb umgesetzt hat und an der Vorbildlichkeit des Nichtfertigwerdens hängen geblieben ist, ist auch der große Leonardo, der sexuell inaktiv oder homosexuell war. Ich habe unlängst sein Ebenbild (ohne sein Genie) bei einem Neurotiker begegnet» (Freud / Jung ed. 1974, S. 280).

Während hier die Distanz zu Leonardo noch vorherrscht und der Künstler verwendet werden soll, um die Biographik zu erobern und damit die Psychoanalyse abzusichern (es war das Jahrzehnt, in dem nicht weniger als vier psychoanalytische Zeitschriften gegründet wurden), scheint mit der Arbeit an dem Aufsatz auch die Achtung Freuds gewachsen zu sein, bis hin zu seiner Identifizierung mit Leonardo. Am 11. November 1909 schreibt er an Jung: «Ein erlauchter Geist, Leonardo da Vinci, hat mir seither für eine kleine Psychoanalyse still gehalten. Ob es eine Notiz oder ein Heft der Sammlung wird, weiß ich noch nicht» (Freud / Jung 1974, S. 287).

Im Frühsommer 1910 ist die Leonardo-Abhandlung fertig. Freud beschäftigt sich um diese Zeit mit der Frage, ob die Psychoanalyse zu rasch expandiert und internationale Geltung sucht, ehe sie innerlich gefestigt ist. Das Eroberungspathos der frühen Briefe an C. G. Jung ist verschwunden. Jetzt ist es eher Jung, der seinen zögernden älteren Freund ermutigen will. Der «Leonardo» wird von Freud nicht mehr in Frage gestellt, die Ausweitung der Psychoanalyse in Mythologie, Biographik und Symbolik (in der Freud Jung ebenso als Konkurrenten wie als Helfer erlebte) zumindest in diesem Punkt nicht mehr angezweifelt. Während die engen Mitarbeiter begeistert sind, muß sich Freud mit den Bedenken wohlwollender, jedoch distanzierter Beobachter auseinandersetzen. Am 10. August schreibt er aus Noordwijk / Holland, wo er sich zusammen mit Ferenczi nach Sizilien einschiffen will: «Löwenfeld muß ich auf einen ganz dummen Brief antworten, wegen dessen er mich beleidigt glaubt. Ganz mit Unrecht, ich schätze ihn persönlich und erwarte kein Verständnis von ihm. Er schrieb ausführlich über das Entsetzen, das der ‹Leonardo› auch bei den ‹Gutgesinnten› hervorruft. Nun bin ich gerade da sehr ruhig, denn der ‹Leonardo› gefällt mir sehr gut, und ich weiß, daß er bei den wenigen Urteilsfähigen, bei Ihnen, Ferenczi, Abraham, Pfister besonders gefallen hat» (Freud / Jung 1974, S. 380).

In seiner Antwort nimmt Jung den «Leonardo» zum Anlaß, um Freud zu trösten und dessen Vorwurf, er nähme seine Präsidentschaft in der Internationalen Psychoanalytischen Vereinigung nicht ernst genug, durch eine grandiose Erweiterung der Perspektive zu entkräften.

Dieses Aufbruchs- und Elite-Pathos klingt für den heutigen Betrachter der wissenschaftlichen Szene (beileibe nicht nur der Psychoanalyse) befremdlich, naiv, ja prahlerisch. Vielleicht drückt sich darin aber auch lediglich aus, daß diese Stimmung nicht in unsere Gegenwart gehört, während sie die historische Situation der Renaissance durchaus aufgreifen kann, um sich in ihr zu spiegeln. Es gibt verblüffende Ähnlichkeiten im Denken Leonardos und der frühen Psychoanalytiker. Zum Beispiel zitiert Jung die berühmte Inschrift über dem Tor der platonischen Akademie in genau derselben Abwandlung des ursprünglichen Inhalts wie Leonardo: «Wer kein Mathematiker ist, der möge meine Prinzipien nicht lesen» (Leonardo, zit. n. Chastel 1990, S. 162). Jung schreibt es in seinem Brief griechisch – «μηδεὶς ἀμαζηματιχός εἰδίτω» (Jung / Freud 1974, S. 381). Die Psychoanalyse, so fordert er, sollte die Vorwürfe der Sekte, der Geheimlehre, des Mystischen als Kompliment auffassen. «Was der Menschenpöbel dazu sagt, ist ganz einerlei – die Sache ist schön und führt zu höheren Kreisen der Erkenntnis. Nur der Schwachkopf kann über die Schwierigkeiten des Einzelfalles stolpern. Es ist ein grausamer Genuß, dem Hornvieh um weiß Gott wie viele Jahrzehnte vorauszusein» (Freud / Jung 1974, S. 381). Die öffentliche Ablehnung, sagt Jung später, «gewährt unverpöbelten Genuß wie ein schönes Hochgebirgstal, das Thos. Cook and Co. noch nicht entdeckt haben». Er setzt hinzu: «Zudem ist die Psychoanalyse viel zu wahr, als daß sie jetzt schon öffentlich anerkannt werden könnte. Zuvor müssen ausgiebig gefälschte Extrakte und Verdünnungen davon herumgereicht werden. Auch ist der notwendige Nachweis noch nicht gelungen daß Sie [Freud] die Psychoanalyse gar nicht entdeckt haben, sondern Plato, Thomas von Aquin und Kant, zugleich Kuno Fischer und Wundt. Dann wird Hoche als Lehrer der Psychoanalyse nach Berlin berufen und Aschaffenburg in gleicher Qualität nach München. Darauf beginnt das goldene Zeitalter. Nach Ablauf der ersten 1000 Jahre wird die Psychoanalyse in Paris neu entdeckt werden, worauf England für 500 Jahre in Widerstand verfällt und nachher doch nichts begreift» (Freud / Jung 1974, S. 382).

In seinem Urteil über den Leonardo-Aufsatz bleibt Jung vorsichtig. Er preist zwar die «intellektualistische Freiheit dieser Schrift», setzt aber sibyllinisch hinzu: «Wenn's überhaupt so war, so kann es nur so gewesen sein, wie Sie sagen» (Freud / Jung 1974, S. 381). Ich habe oben die möglichen Parallelen im Lebensgefühl des Fin de siècle und in der Renaissance angesprochen. Ob solche zyklischen Verbindungen

(Jungs «500 Jahre») reale historische Verwandtschaften enthalten oder vorwiegend Projektionen sind, ist kaum zu entscheiden. Projektionen spielen sich nicht in einem Vakuum ab, sondern verstärken fast immer vorhandene Bedeutungen, verfälschen sie jedoch, weil sie deren Kontext nicht berücksichtigen, sondern ihn durch eigene (aber nicht als solche erkannte) Bedürfnisse ersetzen. Sicherlich enthält Freuds Leonardo-Studie zahlreiche projektive Elemente, aber sie drückt auch ein historisches Thema aus, das Walter Rehm 1929 als «Renaissancekult» beschrieben hat.

Kaum einer der großen Dichter um 1900 hat das Thema der Renaissance nicht aufgegriffen – Hofmannsthal, Schnitzler, Rilke, Heinrich und Thomas Mann. Marie Herzfeld schrieb im Vorwort zu ihrer Ausgabe der Schriften Leonardos: «Wir haben alle Anspruch, teilzunehmen an diesem ungeheuren Wesen Leonardos; wir dürsten nach Schönheit und wir haben jener satt, die in aller Kreatur nur das Gewürm bemerken. Es ist nun lang genug Morsches in uns eingerissen worden: nun wollen wir unser Inneres und dessen zerstörten Glauben an den Menschen am Großen emporrichten und neu aufbauen. Und von wem mehr als von Leonardo ging belebend ein Strom jener adeligen Kraft aus, die, ein harmonisches Zwischenspiel hohen Wollens und Könnens, zu seinen Zeiten Tugend genannt ward!» (Herzfeld 1904, S. CVIII).

Ähnlich sieht auch Otto Sachs in seinem Essay über Leonardo in diesem das Ideal des Universalgenies (*uomo universale*). Damals kündigte sich die Zersplitterung des romantischen Menschenbildes an. Die partikularistische Sicht der Naturwissenschaften bedrohte die überlieferte Identität der Künstler. Der vielzitierte Goethe wurde zu schwach, um das humanistische Bildungsideal aufrechtzuerhalten. Neue, noch nicht verbrauchte Helfer waren gefragt, in die Marie Herzfeld ihre Vorstellung eines «hohen Wollens und Könnens» hineinverlegen konnte. Freud griff diese Strömungen auf; indem er ihnen eine ganz andere Richtung gab, war er doch von ihnen erfaßt. Das zeigt sich vor allem in der Deutung, die er Leonardos berühmtestem Bild gab: dem Porträt der Mona Lisa. Während die zeitgenössischen Autoren (etwa Giorgio Vasari) vor allem die Lebenswahrheit und Naturnachahmung der Gioconda rühmen, setzt gegen Ende des 19. Jahrhunderts der Versuch ein, das «rätselhafte» Lächeln psychologisch zu deuten. Der Kunsthistoriker Richard Muther, den Freud zitierte, spricht von einem «dämonischen Zauber» dieses Lächelns, behauptet gar, es hätten «hunderte von Dichtern und Schriftstellern ... über dieses Weib geschrieben, das bald verführerisch uns anzulächeln, bald kalt und seelenlos ins Leere zu starren scheint», ohne daß einer von ihnen ihr Lächeln enträtseln, ihre Gedanken erfassen konnte (Worbs 1983, S. 107). Ein solches ungelöstes Rätsel mußte einen Denker fesseln, der von sich glaubte, er habe – wie Ödipus – das Geheimnis der Sphinx entschlüsselt. Aber in der Art, wie Freud die Gioconda sieht, steckt viel «Zeitgeist». Die weibliche «Dämonie» war im Fin de siècle nach der Aufklärung und der mühsamen Befreiung des Frauenbildes vom Beigeschmack der Hexe und der Teufelsbraut wiederentdeckt worden. Franz von Stucks «Sünde» ist ein Beispiel dafür, wie sie in dieser Zeit zum herrschenden Frauentypus in der bildenden Kunst wurde (Mario Praz 1963, S. 145). Wenn eine Stilepoche Formen einer früheren aufgreift, verändert sich das Gesehene im Auge des Betrachters in der Richtung, die sein Kunstwollen vorgibt (das läßt sich etwa in der Art beobachten, in der Antonio Canova und Bertel Thorvaldsen die Antike oder romantische Künstler die Gotik «wahrgenommen» haben). So erkennt Freud im Lächeln der Mona Lisa «die vollkommene Darstellung der Gegensätze, die das Liebesleben des Weibes beherrschen, der Reserve und der Verführung, der

hingebungsvollen Zärtlichkeit und der rücksichtslos hei-
schenden, den Mann wie etwas Fremdes verzehrenden Sinnlichkeit» (Freud 1910, GW VIII, S. 179).

Michael Worbs hat darauf hingewiesen, daß Freud in sol-
chen Urteilen von Marie Herzfeld und Dmitri Mereschkowski
beeinflußt war. Herzfeld und Mereschkowski folgten in ihrem
Leonardo-Bild dem britischen Kunstkritiker Walter Pater.
Auch Freud zitiert Pater an mehreren Stellen zustimmend.
«Eben weil Paters Assoziationen, die tatsächlich auf die
Dichtung der französischen und englischen Romantik, auf
Swinburne vor allem zurückgehen (Praz 1963, S. 174), sich
Freuds Analyse der Kindheitserinnerung von Leonardo da
Vinci einfügen, ja im Hinblick auf das Werk konsequent fort-
setzen, ist er ohne Zögern bereit, Pater zu folgen» (M. Worbs
1983, S. 109).

Walter Horatio Pater (1839 bis 1894) war der Sohn eines Arztes; sein Vater starb noch während seiner frühen Kindheit.
Pater machte eine typische englische Universitätskarriere
und dachte lange Zeit daran, Geistlicher zu werden. Er starb
in den Armen seiner Schwester. Seine Essays über Winckel-
mann, Leonardo, Pico della Mirandola, Sandro Botticelli und
Michelangelo drücken einen Schönheitskult aus, der auf die
britischen Präraffaeliten großen Eindruck machte. In dem
Jahr, als Paters «Studies in the History of the Renaissance» erschienen (1877), gewann der 22jährige Oscar Wilde den
Newdigate-Preis mit seinem Gedicht «Ravenna» und erregte
das Magdalen College in Oxford mit einer Mischung aus bril-
lanten intellektuellen Leistungen und Verachtung der
«männlichen» Sport- und Jagdleidenschaft der Kommilito-
nen. Seine mit Pfauenfedern, Lilien und blauem Porzellan
dekorierten Räume im College wurden von aufgebrachten
Traditionalisten demoliert, Wilde selbst wurde in die Cher-
well getaucht. Die Pose des «dekadenten Ästhetizismus» war

nicht mehr aus der Welt zu schaffen. Wilde ist wie Freud 1856 geboren (dem Todesjahr von Heinrich Heine), er starb aber bereits 1900, durch einen Gefängnisaufenthalt wegen seiner nicht genügend gut verheimlichten Homosexualität seelisch gebrochen.

Das ästhetische Urteil Paters, das Freud beeindruckt hat, drückt ein Frauenbild aus, das homosexuell gefärbte Ängste durch ästhetisierende Überhöhung kompensiert. In Leonardos lächelnde Frauen wird Salome projiziert, die Tochter der Herodias, welche widerspenstige Männer köpfen läßt (Pater 1906, S. 147). In der schönen, poetisch freien Übertragung von Hofmannsthal in seinem Aufsatz «Über moderne englische Malerei» sieht Paters Bild der Mona Lisa so aus:

«Es ist eine von innen heraus dem Körper angeschaffene Schönheit, der langsame Niederschlag, Zelle für Zelle, von seltsamen Gedanken, phantastischen Träumereien und adeligen Leidenschaften. Stellen Sie dieses Wesen einen Augenblick neben eine jener weißen Göttinnen oder schönen Frauen der Antike; wie würden Sie verwirrt von dieser Schönheit, die von der Seele und allen ihren Krankheiten durchtränkt ist! Alle Erfahrung und alles Denken der Welt hat hier daran geformt und gefeilt, soweit dergleichen Macht hat, menschliche Form suggestiv und ausdrucksvoll zu machen: die vegetative Naivität von Griechenland, die römische Orgie, die Sehnsucht, und die asketische Ehrsucht und die platonische Liebe des Mittelalters, das Wiedererwachen des Heidentums und die Sünden der Borgia. Sie ist älter als die Felsen um sie; wie ein Vampir war sie mehr als einmal schon tot und kennt das Geheimnis des Grabes; und ist untergetaucht in Meerestiefen, und immer schwebt davon um sie dieses fahle Licht; und hat mit Kaufleuten aus dem Osten um seltsame Gewebe gehandelt; und war Leda, die Mutter der Helena, und Anna, die Mutter der Jungfrau; und alles dies war ihr nur wie der Schall von Leiern und Flöten und lebt nur fort in der seltsamen Feinheit, die es ihren Zügen verliehen hat, und in der Farbe ihrer Hände und Augenlider» (Hofmannsthal, zit. n. Worbs 1984, S. 113).

Freud hat diese Beschreibung nicht kritisiert, sondern übernommen, obwohl man sich schwer vorstellen kann, daß er derlei hohles Pathos einem Psychologen hätte durchgehen lassen. Paters Klischees sind eine Fundgrube von Vorurteilen, die spätere Kulturhistoriker allesamt verworfen haben, von der «vegetativen Naivität» der Griechen über die «römische Orgie» bis zur «asketischen Ehrsucht» des Mittelalters. So verstärkt sich der Eindruck, daß Freud weniger die Phantasiewelt eines Malers der Renaissance erfaßt als ein Phantasma seiner eigenen Zeit, ein ins Weibliche verlegtes Bildnis des Dorian Gray*.

In seiner Arbeit «Über die allgemeinste Erniedrigung des Liebeslebens» (GW X) deckt Freud auf, welche psychischen Voraussetzungen sich in Beschreibungen wie der Paters verbergen. Die Frau ist entweder verrucht und vampirisch – Salome, die Sünde, die Sphinx – oder erhaben, ungreifbar, die Madonna, die Heilige. Eine enge emotionale Beziehung zu ihr ist unmöglich. Was Freud nur andeutet, war in den Zirkeln der Ästheten um Oscar Wilde selbstverständlich. Homoerotik und Homosexualität schützen vor dem Gefährlich-Weiblichen und erlauben ungestörte Schönheitssuche (oder auch wissenschaftliche Forschung). Die extreme Unsicherheit unseres Wissens über Leonardos Sexualleben stellt sich keiner Projektion in den Weg. Daß er keine dokumentierten leiblichen Nachkommen hatte und von einem «Liebeshandel», wie es Freud ausdrückt, nichts bekannt ist, besagt angesicht

---

✠ Oscar Wilde, The Picture of Dorian Gray, 1891: Die Erzählung vom Wüstling, dessen Gesicht ewig jugendlich bleibt, während sein Porträt altert, dreht die Vorstellung vom uralten, mehrfach begrabenen Vampir hinter dem Lächeln der Gioconda um.

der Quellenlage wenig.* Das Parvenühafte in Leonardos Lebensstil, seine Leidenschaft für Luxus, schöne Kleider und Reitpferde mag durchaus, wie es Freud vermutet, mit seiner unehelichen Geburt zusammenhängen. Michelangelo, der aus einem alten (wenn auch verarmten) Adelsgeschlecht stammte, hatte solche Demonstrationen nicht nötig. Was Freud in Leonardos Frauenbild hineindeutet, ist aus seiner eigenen Biographie zu verstehen: die schicksalhafte Bedeutung der frühen Mutter, die Einschränkung der sexuellen Bedürfnisse, die Neigung zu Homoerotik und ihre Sublimierung in ein unerfüllbares Bedürfnis nach geistiger Macht.

In dem Spannungsfeld der Renaissance-Künstler Leonardo und Michelangelo, der Ästheten des Fin de siècle (wie Pater und Wilde) und der psychoanalytischen Expeditionen in Kunsttheorie und Kunstgeschichte ist die Bedeutung der männlichen Homosexualität nicht zu übersehen. Die tragischen Spannungen in Michelangelos Werk drücken gewiß nicht nur seine neuplatonischen Gedanken aus. Das Thema der unerlösten Seele im Kerker des Leibes spiegelt auch die Widersprüche in Michelangelos sexueller Identität. Wie Michelangelo und Leonardo war Freud ein rastloser Arbeiter; der Vergleich des eigenen Schaffens mit einer Plage, die das Leben auffrißt und dennoch nicht abgeworfen werden kann, findet sich in Michelangelos Briefen ebenso wie bei Freud, der seine Arbeit schon früh mit einem Neoplasma (einem bösartigen Tumor) identifiziert (vgl. S. 83). Der zürnende Vater, den Freud in seiner Interpretation der Moses-Statue erkennen will, ist auch der Vater, welcher die Sublimierung der Homoerotik erzwingt. Diese Sublimierung organisiert die Persönlichkeit auf einer «analen» Ebene. Zu den untersuchten Persönlichkeiten gehören entsprechende Merkmale: die

* Vgl. S. 104f.

Beschäftigung mit «Materie», mit dem Tod, die Sublimierung durch Gestaltung der Materie, durch Streben nach einem «unsterblichen» Werk. Freud und Michelangelo litten unter heftigen Todesängsten und abergläubischen Ahnungen. Beide neigten dazu, in Gegensätzen zu denken.

Während Freud die Ursache der männlichen Homosexualität in der Bindung an die Mutter und der mangelhaften Identifizierung mit dem Vater sah, weisen spätere Autoren auf die Kompensation von Mängeln der Ich-Struktur und Reifungsstörungen des Narzißmus hin.* Die Wahl des gleichgeschlechtlichen Liebesobjekts kann das Selbstgefühl schützen, wenn die Auseinandersetzung mit dem «anderen», dem verschiedenen Körper einen nicht genügend gefestigten männlichen Narzißmus destabilisiert. Die geistige Bemächtigung der Welt durch Forschung und / oder Gestaltung drückt ein verwandtes Bestreben aus. Die Entspannung durch ausreichende Besetzung des eigenen Leibes mit narzißtischer Libido kann nicht gelingen. Wenn von Michelangelo und Freud berichtet wird, daß sie bis spät in die Nacht hinein arbeiteten (und dieser Arbeit eine «beruhigende» Qualität zuschrieben), läßt sich darin eine Folge dieser Situation erkennen. Für Leonardo scheint zwanghaftes Schreiben (vgl. S. 98 f.) dieselbe Funktion gehabt zu haben wie für Michelangelo die nächtliche Bildhauerei im Schein eines Talglichts, das er auf einer Kappe befestigt hatte.**

Die (latent) homosexuelle Einstellung rückt die «normalen» Personen in eine Distanz, welche großen Begabungen die «geniale» Abwendung von einer schnell zufriedenen Majorität erleichtert. Leonardo, Michelangelo und Freud waren eigentlich nie mit dem zufrieden, was sie erreicht hatten

---

❖ J. McDougall, Plaidoyer pur une certaine anormalité, Paris (Gallimard) 1978. – Morgenthaler F., Die Stellung der Perversionen in Metapsychologie und Technik, in: Psyche 28, 1974, S. 107
❖ ❖ Vasari G., Michelangelo Buonarotti, Vite ed. Jaffé, Berlin 1920, S. 403

(vgl. entsprechende Aussagen Leonardos auf S. 95f.). Wie Freud neigte auch Michelangelo dazu, Entwürfe und Skizzen zu verbrennen. «Er besaß eine so gewaltige Einbildungskraft, daß seine Hände die großen und schrecklichen Gedanken nicht darstellen konnten, die sein Geist in der Idee erfaßte, und er oft seine Arbeiten stehen ließ oder richtiger viele verdarb; wie ich denn weiß, daß er kurz vor seinem Tode eine Menge von ihm ausgeführter Zeichnungen, Skizzen und Kartons verbrannte, damit niemand sehe, welche Mühe er aufgewandt und wie er seinen Geist geprüft hatte, um nur Vollkommenes ans Licht zu bringen» (Vasari zit. n. Jaffé 1920, S. 396).

«Beweisen» solche Ähnlichkeiten den Zusammenhang zwischen Kreativität und einer inneren Auseinandersetzung mit unbewältigter Homosexualität bei Leonardo, Michelangelo und Freud? Sprechen sie dafür, daß Freud auch aus diesem Grund gerade von diesen beiden Künstlern fasziniert war und sich in einer Weise mit ihnen identifizierte, die ihn anfällig dafür machte, sie miteinander zu verwechseln? Oder greift ein solcher Deutungsansatz zu kurz? In jener gesellschaftlichen Entwicklung, die uns dazu führte, individuelle Genialität als menschenmögliches Ideal zu entdecken, wachsen auch die Risiken, daß die Integration der Bisexualität nicht mehr gelingt. Der Prozeß der Individualisierung verlangt von den einzelnen, ganz *anders* zu sein als ihre Väter. Umgekehrt sind jene Individuen, denen aus irgendwelchen Gründen die Identifizierung mit den Eltern mißglückt, besonders offen für die Forderungen einer «neuen» Zeit. Als Subjekten ist ihnen die Tradition abgerissen; dadurch können sie (geniale) Neuerungen objektivieren. Sie finden keine Ruhe dabei, aber Ruhm.

Wenn es darum geht, die Beziehung zwischen zwei Epochen zu erforschen und aufzuklären, was die Biographie eines Künstlers und die Gestalt seiner Werke den Betrachtern einer anderen Epoche bedeutet haben, ist der Leser mit der Diagnose einer Projektion in der Regel nicht zufrieden, mit Recht. Denn damit ist wenig gewonnen, um die spezifischen Qualitäten einer Wechselwirkung zu erfassen, dessen, was zwischen beiden Polen entsteht, was transportiert wird, gar was daraus an Einsicht in die Gesetzmäßigkeit solcher (Miß-)Verständnisse abgeleitet werden kann. Wenn Freud etwas zum Bild der Femme fatale sagen wollte, hätte er näherliegende Ansatzpunkte finden können. Wenn es ihm nur darum gegangen wäre, die Biographik zu erobern, hätte er sicherlich andere Lebensgeschichten finden können, reicher dokumentiert und analytisch ergiebiger als das spärliche Material über den Sohn Piero da Vincis. In der Psychoanalyse hat sich im Lauf der Zeit gezeigt, daß «Projektion» ein zu defensiver Begriff ist, um praktisch fruchtbar mit ihm zu arbeiten. Die Zuschreibung von Projektionen behindert den Erkenntnisfortschritt. Sätze wie «Das ist dein Problem», «Das bildest du dir ein», «Das ist eine Unterstellung» oder «Sieh doch endlich ein, daß du projizierst!» lähmen die Interaktion und klären sie nicht. Nicht selten werden solche zwischenmenschlichen Situationen als «Clinch» definiert, nach jener Pattstellung im Boxkampf, in der sich die Gegner so ineinander verknäulen, daß keiner mehr zuschlagen kann. Der Clinch enthält eine Paradoxie. Statt zu fliehen, wo man Angst vor Schlägen hat, wird eine so große Nähe hergestellt, daß der Gegner nicht mehr treffen kann. Im Projektionsclinch hat sozusagen jeder der Gegner ein Stück des anderen aus dessen Persönlichkeitszusammenhang herausgerissen und verwendet es nun als Waffe. Er braucht die Projektion, um sich gegen die Projektion des anderen zu wehren.

In unserem historischen Kontext scheint es nicht mehr nötig, Leonardo gegen Freuds Projektionen in Schutz zu nehmen. Allenfalls müßte sich der Autor fragen, ob er selbst etwas in Freud projiziert. In meinem Fall ist das der Konflikt zwischen einer Identität als Schriftsteller und einer als Psychoanalytiker. Während ich in meiner therapeutischen Arbeit keinen Widerspruch zwischen diesen Identitäten spüre und manchmal denke, daß die Suche nach einer treffenden Metapher (beziehungsweise Deutung) Poesie und Analyse eng verbindet, scheint mir die Art und Weise unbefriedigend, wie in der psychoanalytischen Literatur über Kunst gesprochen wird. In der klinischen Psychoanalyse haben wir es uns angewöhnt, den Gesichtspunkt der Gegenübertragung einzubeziehen. Was bewegt mich, meinen Analysanden in dieser Situation so zu erleben? Was haben seine Projektionen und seine Verzerrungen des Kontakts mit mir, meinen Phantasien und Wünschen zu tun? Wenn es richtig ist, daß die Psychoanalyse *zwischen* den Natur- und Geisteswissenschaften, zwischen einer empirischen und einer künstlerischen Arbeitsweise steht, dann liegt es in der Natur der Situation, daß Freud in seiner Leonardo-Interpretation die Deutung des Künstlers durch eine Identifizierung einleitete und anschließend durch den Vergleich mit Beobachtungen an Patienten überprüfte.

Gehen wir davon aus, daß Freud schon lange von Leonardo wußte, wie jeder gebildete, an italienischer Kunst interessierte Akademiker seiner Zeit. Anfänglich war dieses Interesse distanziert (Malerei fesselte Freud weniger als Archäologie oder Plastik), er dachte aber an Leonardo, als ihm

Fließ von seinen Gedanken zur Bisexualität und Linkshändigkeit von Künstlern berichtete. Später wurde seine Aufmerksamkeit stärker gefesselt. Ein Patient – wir wissen nicht, welcher, aber es könnte der «Rattenmann» gewesen sein – erinnerte ihn an den Maler, der seine Werke unvollendet ließ und sich lieber mit tausend Forschungsthemen beschäftigte. Dann begann Freud zu lesen, was er über Leonardo finden konnte, darunter Mereschkowskis Roman (vgl. S. 113 f.).

Im Dezember 1904 kam es zu der eingangs beschriebenen Fehlleistung. In seinem Vortrag vor dem Doktorenkollegium in Wien benützte Freud Michelangelos Gegenüberstellung und schrieb sie Leonardo zu. Die Faszination durch die Moses-Statue in San Pietro in Vincoli datiert bereits aus dem Jahr 1901. Freud bereitete sich auf seine Besuche in Kirchen und Museen gut vor.

In die Zeit zwischen 1906 und 1910 fallen Freuds wachsende internationale Anerkennung und seine Freundschaft mit C. G. Jung, in dem der immer wieder von Todesahnungen bedrückte Freud seinen Kronprinzen und Nachfolger sah. Er identifizierte sich mit Moses, der dem jüngeren Josua die Eroberung des Gelobten Landes überläßt, mit Philipp von Mazedonien, der die Sorgen seines Sohnes Alexander zerstreut, er würde ihm nichts mehr zum Erobern übriglassen (Briefe vom 17.1.1909 und vom 6.3.1910, Freud / Jung 1974). So schwungvoll und enthusiastisch wie in seinen Briefen an Jung hat sich Freud später nie mehr geäußert; der ungefähr gleichzeitig entstandene Briefwechsel mit Karl Abraham wirkt daneben blaß, depressiv getönt, ohne die Glanzlichter und Derbheiten der Jung-Briefe.

Vor diesem Hintergrund muß also Freuds Faszination durch Leonardo untersucht werden. Ich fasse hier die wesentlichen Themen zusammen und sammle anschließend das Material:

1. Der Künstler und der Forscher
2. Die Inversion der Libido und die Sublimierung der Homosexualität
3. Die persönliche Kreativität im Kampf mit tradierten Autoritäten
4. Die Naturmystik
5. Der Todestrieb und die Ambivalenz
6. Die freien Einfälle
7. Der Forscher als Spiegel der Natur
8. Schöpferische Potenz und kritisches Urteil

Freuds «naturwissenschaftliche» Orientierung scheint sich spiegelbildlich zur «künstlerischen» von Leonardo entfaltet zu haben. In einer frühen Lebensperiode arbeitete er relativ ungestört und erfolgreich als Neurologe. Seine ersten Schriften über Hysterie, die Traumdeutung und viele Beiträge über die Entwicklungspsychologie der Sexualität und die Neurosenlehre fügen sich in diesen Rahmen, der Freuds bleibenden Einfluß auf die Medizin begründet hat. Ähnlich wie Leonardos Zeitgenossen es unverständlich und töricht fanden, daß dieser in seinen späteren Jahren den Pinsel zur Seite legte und sich mit Anatomie, Geologie, dem Flug der Vögel oder der Wolkenbildung befaßte, waren auch viele Kollegen von Freud über seine Spekulationen zur Kulturentwicklung, zur Religionspsychologie oder zur Biographik entsetzt. Leonardos Forschung läßt sich – nicht anders als die kulturanalytischen Arbeiten Freuds – durchaus als Fortentwicklung seiner Interessen als Maler verstehen. Wie er seine Kunst verstand und sie seinen Zeitgenossen in dem geplanten *Trattato della pittura* vermitteln wollte, mußte der Maler über Anatomie, Geologie, Zoologie, Botanik und Meteorologie Bescheid wissen, um die Wunder der Natur richtig zu erfassen. Dieser universale Anspruch, vor dem die eigene Leistung stets beklagenswert fragmentarisch bleibt, verbindet Leonardo und Freud.*

Es ist eigentlich kein Urteil über die Psychoanalyse törichter als jenes, das Freuds Libidotheorie mit dem «freien Ausleben» der Sexualität und rücksichtsloser Lustsuche verbindet. Das zeigt sich auch in Freuds Kunstpsychologie, sowohl bei Leonardo wie in seiner Betrachtung des Moses von Michelangelo. An beiden Künstlern rühmt er die Bändigung der Affekte.

Es paßt zu der (zuerst von Heinrich von Kleist beschriebenen**) Polarisierung des Seelischen, daß Freud, dem die Unterwerfung seiner Affekte unter den intellektuellen Anspruch erheblich besser gelang als C. G. Jung (die kürzlich wieder aufgegriffene Spielrein-Affäre ist ein guter Beleg dafür***), auf einer klaren Darstellung der sexuellen Ätiologie beharrt, während Jung schon früh die Libidotheorie abschwächen und entschärfen möchte. Vielleicht hat Freud deshalb auch nie auf Kritiker geantwortet, die ihn mit Schimpfworten wie «Lustlümmel» belegten. Er war zu tief gekränkt und zu fassungslos angesichts solcher Angriffe, die seinem hohen Ideal einer wissenschaftlichen Weltanschauung widersprachen. Als Schlüssel zum Wesen Leonardos *und* zu seinem eigenen kann man den Satz ansehen, den er im italienischen Original

---

✖ Vgl. Freuds Forderungen an die Bildung des Psychoanalytikers in Die Frage der Laienanalyse, GW XIV, 1925

✖✖ Allerneuester Erziehungsplan, 1810, urspr. Berliner Abendblätter, in Karl Schiller (Hrsg.), Heinrich von Kleist, Werke und Briefe, Band III, S. 394 f., Leipzig 1926

✖✖✖ Freud /Jung 1974 (Briefwechsel), S. 252 f., 259 f.

zitiert: «*Nessuna cosa si può amare nè odiare, se prima non si ha cognizione di quella*»* (zit. n. Freud 1910, GW VIII, S. 140). Er fügt noch ein zweites Zitat hinzu, das er dem «Traktat von der Malerei» entnimmt, bringt es aber verkürzt und in der unschönen Übersetzung von Marie Herzfeld. Leonardo wendet sich hier gegen die Heuchler, welche einen Maler kritisieren, der an Feiertagen zeichnet: «Aber diese Kritiker sollen schweigen, denn auf diese Weise lernt man Den kennen, der so viele wunderbare Dinge gemacht hat, und auf solche Weise liebt man den Erfinder all dieser Dinge, denn in Wahrheit entsteht die große Liebe aus der großen Kenntnis des Geliebten, und was du nicht kennst, kannst du nur wenig oder gar nicht lieben. Und wenn du etwas nur liebst, weil du etwas Gutes von ihm erwartest und nicht wegen seiner Vortrefflichkeit, dann machst du es wie der Hund, der freudig schwänzelnd an dem hochspringt, der ihm einen Knochen geben kann, wenn er aber die Vortrefflichkeit dieses Mannes kennen würde, und diese ihm zugewendet wäre, würde er ihn noch viel mehr lieben» (zit. n. Chastel 1990, S. 381).

Leonardo, sagt Freud, kann das nur so gemeint haben, daß man den Affekt aufhalten, ihn der Gedankenarbeit unterwerfen und erst nach gewissenhafter Prüfung frei gewähren lassen soll: ein Ideal, dem auch die psychoanalytische Kur nacheifert.

«Seine Affekte waren gebändigt, dem Forschertrieb unterworfen; er liebte und haßte nicht, sondern fragte sich, woher das komme, was er lieben oder hassen solle, und was es bedeute, und so mußte er zunächst indifferent erscheinen gegen Gut und Böse, gegen Schönes und Häßliches. Während dieser Forschungsarbeit warfen Liebe und Haß ihre Vorzeichen ab und wandelten sich gleichmäßig in Denkinteresse

* Man kann keine Sache lieben und auch nicht hassen, ehe man Kenntnis über sie hat.

um. In Wirklichkeit war Leonardo nicht leidenschaftlos, er entbehrte nicht des göttlichen Funkens, der mittelbar oder unmittelbar die Triebkraft – il primo motore – alles menschlichen Tuns ist. Er hatte die Leidenschaft nur in Wissensdrang verwandelt, er ergab sich nun der Forschung mit jener Ausdauer, Stetigkeit, Vertiefung, die sich aus der Leidenschaft ableiten, und auf der Höhe der geistigen Arbeit, nach gewonnener Erkenntnis, läßt er den lange zurückgehaltenen Affekt losbrechen, frei abströmen wie einen vom Strome abgeleiteten Wasserarm, nachdem er das Werk getrieben hat» (Freud 1910, GW VIII, S. 141). Freud blickt Leonardo wie einen Bruder an, der in derselben Welt lebt wie er. «Auf so ziemlich alle Gebiete der Naturwissenschaft dehnte er seine Forschungen aus, auf jedem einzelnen ein Entdecker oder wenigstens Vorhersager und Pfadfinder. Doch blieb sein Wissensdrang auf die Außenwelt gerichtet, von der Erforschung des Seelenlebens der Menschen hielt ihn etwas fern; in der ‹Academia Vinciana›, für die er kunstvoll verschlungene Embleme zeichnete, war für die Psychologie wenig Raum» (Freud 1910, GW VIII, S. 143).

Die Psychologie als Wissenschaft ist eine (spät geborene) Tochter der Aufklärung. Wie wir noch sehen werden, stand Leonardo durchaus auf der Höhe der psychologischen Möglichkeiten seiner Zeit. Es ist, als ob Freud seine Identifizierung in dieser Fragestellung verrät: Wenn der große Leonardo sich um die Seele bemüht hätte – wäre dann *er* und nicht *ich* der Entdecker der Psychoanalyse geworden?

Später, in der Diskussion des «Vaterkomplexes», kommt Freud auf die Verbindung zwischen Leonardo und ihm zurück. Diesmal ist es der bewunderte Mereschkowski, der ein «schönes Gleichnis» gefunden hat, das Freud auf sich so gut wie auf Leonardo anwenden kann: Sie gleichen «einem Menschen, der in der Finsternis zu früh erwacht war, während die anderen noch alle schliefen» (Freud 1910, S. 194). Der Leonardo-Aufsatz hilft auch zu erkennen, weshalb Freud seinen ursprünglichen Plan, Jurist zu werden, aufgab und sich den Naturwissenschaften zuwandte. Er selbst führt das auf die Lektüre eines Goethe-Aufsatzes über «Die Natur» zurück, der ihn als Gymnasiasten tief beeindruckt habe.

Die Goethe-Forschung hat nachgewiesen, daß es sich bei diesem Aufsatz um ein romantisches Textfragment handelt, das Goethe nur zugeschrieben wurde. Freud erlebte diese Wendung von der Jurisprudenz zur Naturforschung offensichtlich als Preisgabe der väterlichen Autorität und Hinwendung zur Mutter. Nur wenig verhüllt, schreibt er Leonardo ebendiese Entscheidung zu, zitiert den Satz: «*Chi disputa allegando l'autorità non adopra l'ingegno ma piutosto la memoria*» (Solmi in «Conferenze Fiorentine» 1910, S. 13).

«Wer im Streite der Meinungen sich auf die Autorität beruft, der arbeitet mit seinem Gedächtnis, anstatt mit seinem Verstand. So wurde er der erste moderne Naturforscher, und eine Fülle von Erkenntnissen ... belohnte seinen Mut, seit den Zeiten der Griechen als der erste, nur auf Beobachtung und eigenes Urteil gestützt, an die Geheimnisse der Natur zu rühren. Aber wenn er die Autorität geringschätzen und die Nachahmung der ‹Alten› verwerfen lehrte und immer wieder auf das Studium der Natur als auf die Quelle aller Wahrheit hinwies, so wiederholte er nur in der höchsten, dem Menschen erreichbaren Sublimierung die Parteinahme, die sich bereits dem kleinen, verwundert in die Welt blickenden Knaben aufgedrängt hatte. Aus der wissenschaftlichen Abstraktion in die konkrete individuelle Erfahrung zurückübersetzt entsprachen die Alten und die Autorität doch nur dem Vater, und die Natur wurde wieder die zärtliche, gütige Mutter, die ihn genährt hatte» (Freud 1910, S. 194).

Es scheint sehr fraglich, ob Freud hier eine zutreffende Aussage über Leonardo macht. Die Konstruktion einer intensiven und zärtlichen frühen Mutterbeziehung ist für Freud dokumentiert und durch eigene Äußerungen belegt, während sie bei Leonardo unwahrscheinlich ist.*

Die Leonardo-Arbeit Freuds setzt seine Selbstanalyse fort, die sich zwischen zwei Polen entfaltet: seiner Erweiterung der Psychoanalyse über das klinische Material hinaus in Kunstgeschichte, Biographik und Mythologie einerseits, seiner intensiven Freundschaft mit C. G. Jung anderseits. Der Entdecker Leonardo, der unerschrocken Neuland betritt, sich den tradierten Autoritäten verweigert, sich von der väterlich-dogmatischen Religion befreit und seine homosexuelle Einstellung teils sublimiert, teils in den Beziehungen zu seinen Schülern unterbringt, war ein sehr geeignetes Modell, um Freuds Gedanken über sich selbst aufzunehmen. Aber dieses Bild ist nicht der geschichtliche Leonardo, sondern eine Romanfigur Mereschkowskis, der Freud nun Teile seines eigenen Kinheitsromans zuschreibt.

«Wenn jemand wie Leonardo in seiner ersten Kindheit der Einschüchterung durch den Vater entgangen ist und in seiner Forschung die Fesseln der Autorität abgeworfen hat, so wäre es der grellste Widerspruch gegen unsere Erwartung, wenn wir fänden, daß derselbe Mann ein Gläubiger geblieben ist und es nicht vermocht hat, sich der dogmatischen Religion zu entziehen ...** Die Religiosität führt sich biologisch auf die lang anhaltende Hilflosigkeit und Hilfsbedürftigkeit des kleinen Menschenkindes zurück, welches, wenn es später seine wirkliche Verlassenheit und Schwäche gegen die großen

---

✖ E. Möller, Der Geburtstag des Leonardo da Vinci, Jahrbuch der königl. preuß. Kunstsammlung 1939, Bd. 18, S. 92 – 169. Vgl. a. die Diskussion in K. R. Eissler, Leonardo da Vinci, London (Hogarth) 1962, S. 77 f.

✖✖ Leonardos Testament widerspricht dieser Idealisierung, vgl. S. 109

Mächte des Lebens erkannt hat, seine Lage ähnlich wie in der Kindheit empfindet und deren Trostlosigkeit durch die regressive Erneuerung der infantilen Schutzmächte zu verleugnen sucht» (Freud 1910, S. 197).

Als Freud dies schrieb, war er gerade dabei, die Splendid isolation seiner ersten Jahre als Psychoanalytiker zu überwinden und über die lokale Bedeutung in Wien hinaus internationale Bedeutung zu erringen. Sein Selbstbewußtsein war gewachsen, er konnte bei aller Verehrung und Sympathie für C. G. Jung diesem doch erheblich kritischer begegnen als fünfzehn Jahre früher Wilhelm Fließ, mit dem ihn eine nicht weniger leidenschaftliche Männerfreundschaft verband. Die Ablehnung der herrschenden Autorität wandelte sich zu einer neuen, persönlichen Autorität Freuds, die er nicht mehr so bereitwillig aufs Spiel setzte wie gegenüber Fließ. Parallel dazu hatte sich Freud intensiver als zu Fließ' Zeit mit der Entstehung der Homosexualität auseinandergesetzt. Diese, so erläutert er in seiner Arbeit über Leonardo, entsteht aus der Verzärtelung durch die Mutter, welche eine intensive, später verdrängte erotische Bindung bewirkt. Unterstützt wird dieser Vorgang durch ein Zurücktreten des Vaters in der Kindheitssituation; die Mütter der Homosexuellen seien häufig Frauen, welche den Vater aus seiner Stellung drängen, ihn entmachten. Die Ähnlichkeit zwischen dieser Beschreibung und seinem eigenen Schicksal ist Freud vermutlich aufgefallen, denn in einer späteren Fußnote für die Neuherausgabe in den «Gesammelten Werken» setzte er zu dieser Textstelle den Kommentar, daß die psychoanalytische Forschung zweifelsfrei erwiesen habe, Homosexualität sei durch die Fixierung an die Mutter bedingt, und außerdem sei «jedermann, auch der Normalste, der homosexuellen Objektwahl fähig», habe diese «irgendwann einmal im Leben vollzogen» und halte sie entweder in seinem Unbewußten fest oder versichere sich durch «energische Gegeneinstellungen» gegen sie (Freud, GW VIII, S. 169).

Freud ist bei der «Geierphantasie» Leonardos geblieben, obwohl bereits 1923 in einer britischen Zeitschrift («Burlington Magazine») die Fehlübersetzung aufgegriffen worden war und die Revisionen von 1923 und 1925, anläßlich der Herausgabe der gesammelten Schriften, eine Korrektur zugelassen hätten (Spector 1973, S. 68). Später haben sich Kunsthistoriker recht ausführlich mit seiner Deutung befaßt (Edmund Wilson 1941, Mayer Schapiro 1956), aber die Herausgeber der kommentierten Standardausgabe (und der deutschen «Studienausgabe») haben diese Revisionen nicht berücksichtigt. Wie Schapiro beobachtet hat, legte Freud großen Wert darauf, Leonardo aus der väterlichen Familie herauszulösen, obwohl er zumindest eine Quelle selbst mit grüner Tinte markiert hat, in der Gabriel Séaille anmerkte, der Notar Piero habe seinen neugeborenen Sohn zu sich genommen. «Wenn die Geier-Mutter, die Freud so wichtig nimmt, nicht wirklich Leonardos Mutter ist, scheint es nicht unvernünftig, anzunehmen, daß es Freuds Mutter war», sagt Spector (1973, S. 70). Er verweist auf einen Traum aus Freuds Kindheit. «Ich selbst habe seit Jahrzehnten keinen eigentlichen Angsttraum mehr gehabt», sagt Freud in der «Traumdeutung». «Aus meinem siebten oder achten Jahr erinnere ich mich an einen solchen, den ich etwa dreißig Jahre später der Deutung unterworfen habe. Er war sehr lebhaft und zeigte mir die geliebte Mutter mit eigentümlich ruhigem, schlafendem Gesichtsausdruck, die von zwei (oder drei) Personen mit Vogelschnäbeln ins Zimmer getragen und aufs Bett gelegt wird» (S. Freud 1900, S. 569).

Freud sieht als Quelle dieses Traums ein «dunkles offenkundig sexuelles Gelüst». Zu den Personen mit den Vogelschnäbeln entsinnt er sich der Illustrationen in der Philippsonschen Bibel, die damals in kaum einem Haushalt gebildeter Juden fehlte. Dazu tritt noch ein «ungezogener Hausmeisterjunge» namens Philipp, von dem der Achtjährige zuerst das «vulgäre Wort» hörte, «welches den sexuellen Verkehr bezeichnet und von den Gebildeten nur durch ein lateinisches, durch ‹coitieren› ersetzt wird, das aber durch die Auswahl der Sperberköpfe deutlich genug gekennzeichnet ist.»

Hier wird die sexuelle Bedeutung des Vogels ins Freuds eigener Kindheit deutlich. Der «eigentümlich ruhige» Gesichtsausdruck bezieht sich wohl auf die postkoitale Entspannung, die der junge Freud (die Familie lebte sehr beengt) an seiner Mutter beobachtet hatte. Die Angst vor dem eigenen sexuellen Gelüst wird in die Todesassoziationen gekleidet. Zum ruhigen Gesichtsausdruck erinnert sich Freud an seinen komatösen Großvater, die vogelköpfigen Götter stammen von einem Grabrelief. Aber die Angst ist nicht der primäre Affekt – «Nicht daß ich ängstlich war, weil ich geträumt hatte, daß die Mutter stirbt; sondern ich deutete den Traum in der vorbewußten Bearbeitung so, weil ich schon unter der Herrschaft der Angst stand».

Eva M. Rosenfeld hat einiges Material zu diesem Traum gesammelt, freilich ohne ihn zu analysieren, was ihr wohl die Pietät verbot (sie war 1929 selbst bei Freud in Lehranalyse und hatte zusammen mit Anna Freud und Dorothy Burlingham in Wien die Kinderanalyse begründet). Sie deutet aber Freuds Geier-Fehlleistung recht unbefangen und verknüpft sie mit Freuds enger Beziehung zu Ägypten, die wahrscheinlich durch die Bilder der Philippsonschen Bibel eingeleitet wurde und ein Menschenleben später ihren Ausdruck in der letzten größeren Arbeit Freuds, dem Moses-Aufsatz, fand (Rosenfeld 1956, zit. n. der Übers. v. D. Dörr in J. v. Scheidt 1974, S. 22). «Vielleicht wäre das träumende Kind sehr viel lieber ein Ägypter als ein Jude gewesen», sagt Eva Rosenfeld.

«Vielleicht fühlte er sich schon zu jener Zeit als eine Art neuer Führer des jüdischen Volkes? War Moses vielleicht gar kein Jude, sondern selbst ein Ägypter? Und was war mit Joseph, der vor langer Zeit die Juden im Triumph nach Ägypten geführt hatte, auch er der ‹erstgeborene Sohn einer jugendlichen Mutter›? War nicht auch er, Freud, auserwählt unter seinen Brüdern, genau wie Joseph, der Sohn Rahels, der lieblichen zweiten Frau Jakobs, des alten Patriarchen? Dieser Joseph, der fast den Thron bestiegen hätte, der Politiker und Seher, der Deuter von Träumen, der schließlich zum Retter zweier Völker wurde!» (Rosenfeld 1956, zit. n. 1974, S. 27).*

Wie hängen die Ängste vor der Frau und vor dem weiblichen Genitale, die in Freuds Äußerungen wiederholt deutlich werden (etwa in der Arbeit über das Medusenhaupt, in der Theorie vom Penisneid), mit der Homosexualität zusammen? Die phallische Lust an der Vagina wird in solchen Fällen durch andere bedrohliche und darum verdrängte Wünsche in Schach gehalten, vor allem durch den, in die Mutter zurückzukehren und todessüchtig den vorgeburtlichen Zustand wiederherzustellen.** Die Mythologie vom «Todestrieb», der die Auflösung der lebenden Organismen anstrebt, symbolisiert auch die Phantasie, das bewußte, steuernde Ich aufzulösen und seiner Kontrolle endlich zu entrinnen. Eine ähnliche Bedeutung hat die Flugphantasie, die Freud in seiner Leonardo-Arbeit auf unterdrückte sexuelle Sehnsüchte zurückführt («Ich schrie und glaubte gen Himmel zu fahren»,

---

✳ Thomas Mann hat in «Joseph und seine Brüder» den hier angedeuteten «Familienroman» tatsächlich geschrieben. Ein frühes und tiefes Verständnis verband den Schriftsteller mit Freud; für die Kreativität beider hat ihre sublimierte Homosexualität eine große Bedeutung, die im Josephsroman in der glühenden Schilderung der Verliebtheit von Potiphars Weib in den hebräischen Sklaven nur wenig verhüllt zu erkennen ist.

✳✳ Die bei Männern häufig auftretende Phantasie von der «vagina dentata», dem zahnbewehrten Rachen, der den Penis verschlingt, weist auf die Angst vor solchen Wünschen hin. Fellini greift die männliche Todessexualphantasie in seinem «Casanova» auf.

läßt Thomas Mann seinen Hochstapler Felix Krull den Orgasmus beschreiben). Wenn Freud in seinem «Vogelkopf»-Traum das Lächeln der Mutter nicht weniger doppeldeutig auffaßt als das Lächeln der Gioconda (als Todesbotschaft und sexuelle Verführung), erweist er noch einmal, wie er in einer Projektion auf Leonardo die gerade in der Auseinandersetzung mit der Homosexualität stockende Selbstanalyse fortsetzt. Die Spekulation darüber, ob die glückliche Lebensspanne des kleinen Leonardo da Vinci mit Caterina während seines fünften oder dritten Lebensjahres endete, kann auf Freud bezogen werden. Ebenso gewinnt das der «Anna Selbdritt» unterlegte Motiv der «zwei jugendlichen Mütter» für Freud biographischen Sinn. Er hat in späteren Erinnerungen die drei Jahre in Freiberg immer wieder als paradiesisch idealisiert und die tiefen Wälder Mährens dem weniger eindrucksvollen Wienerwald gegenübergestellt.* Neben Amalie Freud, die durch Schwangerschaft, Geburt und den frühen Tod von Freuds erstem Geschwister dem Erstgeborenen *nicht* mit jener uneingeschränkten Fürsorge begegnen konnte, die Freud ihr später unterstellt hat, kümmerte sich ein tschechisches Kindermädchen um den Knaben, erzählte ihm Geschichten von Himmel und Hölle, von den katholischen Heiligen; sie herzte und küßte ihn, trug so vielleicht bei zu der in den «Drei Abhandlungen zur Sexualtheorie» erörterten Theorie von unheilvoll erotisierenden Einfluß der Dienstboten. Als der Dreijährige sich plötzlich von ihr getrennt sah, auf der Fahrt von Freiberg über Breslau nach Leipzig, erinnerten ihn die brennenden Gaslichter, die er dort zum ersten Mal sah, an brennende Geister in der Hölle (Freud an

---

✖ «... tief in mir ... lebt immer noch das glückliche Freiberger Kind, der erstgeborene Sohn einer jugendlichen Mutter, der aus dieser Luft, diesem Boden die ersten unauslöschlichen Eindrücke empfangen hat», schrieb der 70jährige Freud an den Bürgermeister von Freiberg, als er hörte, daß an seinem Geburtsort eine Gedenktafel enthüllt worden war (Clark 1981, S. 26).

W. Fließ, 3. Dez. 1897, zit. n. Freud 1986, S. 310). Die verführerische Mutter hinter der Mutter, die erfahrene Frau, welche die «jugendliche Mutter» auf ihrem Schoß hält – in Leonardos Leben hat es sie wahrscheinlich nicht gegeben, aber Freud hat von seiner Kinderfrau prägende Eindrücke erfahren und später vermutlich sein Mutterbild so aufgeteilt, daß Amalie idealisiert wurde und alle negativen Einflüsse auf die böhmische Magd fielen.

Die Mischung aus süßem Lächeln und Todesdrohung kehrt in einer ergreifenden Szene zurück, die Freud mit C. G. Jung erlebte. Sie ist in zwei Varianten beschrieben worden. Die Erzählung von Ernest Jones betont den Aspekt der Rivalität und des Ehrgeizes, die von Jung die Hingabesehnsucht Freuds. Nach Jones traf sich im Münchner Parkhotel eine Gruppe von Analytikern, unter denen Freud und die beiden Schweizer Jung und Riklin waren. Freud beschwerte sich darüber, daß die Zürcher Gruppe seinen Namen in ihren Arbeiten über die Psychoanalyse ignoriere, und fiel im Laufe einer hitzigen Auseinandersetzung in Ohnmacht. Als er in Jungs Armen wieder zu sich kam, sagte er: «Es muß süß sein zu sterben.» In einem späteren Brief an Jones verknüpfte Freud diese Szene mit Erinnerungen an Wilhelm Fließ, mit dem er sich in demselben Hotel getroffen hatte. «Am Grunde steckt ein Stück eines unbeherrschten homosexuellen Gefühls dahinter», schrieb Freud. «Als Jung in seinem letzten Brief wieder auf meine Neurose anspielte, konnte ich keine bessere Antwort finden als daß jeder Analytiker sich um seine eigene Neurose kümmern solle und nicht um die der anderen» (Jones I, S. 370).

C. G. Jung hat diese Darstellung ergänzt und auf einen anderen Ohnmachtsanfall Freuds hingewiesen, der sich 1909 in Bremen, kurz vor der Abreise von Freud, Jung und Ferenczi nach den USA, ereignete. Beide Situationen hatten gemein-

sam, daß Freud erstens versuchte, Jung von etwas zu überzeugen, und Jung zunächst nachgab, wonach zweitens Jung
begann, vom Sterben und vom Totenkult zu sprechen, was
Freud drittens auf sich bezog. In Bremen hatten Freud und
Ferenczi den bis dahin von seinem Klinikchef Bleuler zur
strikten Alkoholabstinenz «erzogenen» Jung umgestimmt
und dazu gebracht, ein Glas Wein zu trinken. Anschließend
sprach Jung fasziniert von den Moorleichen, mumifizierten
Körpern prähistorischer Menschen, die aus rituellen Gründen gefesselt in Sümpfe geworfen worden waren und sich im
Torf konserviert hatten. Freud wurde immer unruhiger. Er
wollte wissen, was Jung an diesen Leichen so interessiere,
und fiel schließlich in Ohnmacht. Später interpretierte er
seine Reaktion so, daß ihm Jung den Tod gewünscht und deshalb von diesen Moorleichen gesprochen habe. In München
hatte Jung zunächst Freuds Vorhaltungen akzeptiert. Anschließend, in versöhnlicher Stimmung, debattierten beide
über eine Arbeit von Karl Abraham, der die religiösen Re-
formen des Pharaos Echnaton (das ist Amenophis IV., alt-
ägyptisch: Amenhotep), der zwischen 1370 und 1352 v. Chr.
regierte, auf eine heftige Feindseligkeit gegenüber seinem
Vater Amenophis III. zurückgeführt hatte. Während Freud
Abrahams Meinung unterstützte, daß hinter Echnatons
Gründung einer monotheistischen Religion ein «Vaterkom-
plex» stand, wehrte sich Jung gegen solche Deutungen und
erklärte, Echnaton habe seinen Vater geachtet und nur aus
religiösen Gründen die Kartuschen zerstört, die den Namen
Amuns trugen, während andere Pharaonen die Namen ihrer
Vorfahren getilgt hätten, ohne eine neue Religion zu grün-
den.

Jones deutet Freuds Ohnmachten als Reaktion auf das von
Jung angedeutete Todesthema und verbindet sie – wobei er
eine entsprechende Äußerung von Freud in einem Brief an

Ferenczi aufgreift – mit dem Erleben des Todes seines Brüderchens, als Freud ein Jahr und sieben Monate alt war (Jones II, 1974, S. 179). Mir scheint diese Deutung unvollständig. Besagt sie, daß sich Freud mit dem Toten identifizierte? Und wie erklärt sich die Aussage: «Es muß süß sein zu sterben»? Was ist von der jeweils vorangehenden Episode der Versöhnung und Annäherung an einen geliebten Mann zu halten? Der «süße Tod» ist der Orgasmus. Die Ohnmacht Freuds ist als Konversionssymptom in dem von ihm entdeckten Sinn zu deuten, als Umwandlung und hochgradige Verdichtung eines mit anderen Mitteln nicht mehr zu bewältigenden libidinösen Triebwunsches, zugleich Erfüllung («süß») und Strafe («sterben»), schließlich als Legierung beider («Nirwana», Rückkehr in den Mutterleib). Die Verbindung des Liebes- mit dem Todesmotiv ist in der Bremer Ohnmacht besonders deutlich. Wenn ein Mann einen anderen, bisher alkoholabstinenten dazu bringt, mit ihm zu trinken, stimuliert das die Phantasie von homoerotischer Nähe. Es ist nicht zu übersehen, daß Jungs Ambivalenz in beiden Szenen eine wesentliche Rolle spielte und Freud Anlaß zu der Phantasie gab, Jung wünsche ihm den (süßen) Tod, mit der sich die erotischen Wünsche dann auf jene brisante Weise mischten.

Wie eng der Leonardo-Aufsatz mit dem Thema von Freuds Männerbeziehungen zusammenhängt, zeigt auch die darin mehr als überall sonst (vielleicht mit Ausnahme der «Psychopathologie des Alltagslebens», die in der Fließ-Periode entstand) auffindbare Zahlendeutung. Der Zahlendeterminismus war eine Spezialität der Fließschen Phasenlehren, die Freud lange Zeit für sich und an seinen Patienten zu beweisen suchte. Es ist oft rührend, wie mütterlich-liebevoll Freud auf Fließ und später auf Jung eingeht, wobei er gerade in der letzteren Beziehung öfter (und nicht sonderlich glaubwürdig) von sich behauptet, er sei der strenge Vater. Man kann vermuten, daß die emotionale Auseinandersetzung mit kraftvollen, von ihm bewunderten Männern wie Fließ und Jung für Freud eine Qualität hatte, die eine frühe Identifizierung mit seiner Mutter wiederbelebte, die er sonst durch seine rationale Disziplin von sich fernhielt (Spector 1972, S. 74).

Die frühe Mutter, die «Urmutter», trägt laut Freud die Organe beider Geschlechter, sie ist Mann und Frau zugleich, wie die androgyne Berggöttin Kleinasiens. Die homosexuellen Wünsche enthalten den Versuch, so zu sein wie die Mutter, sich mit ihr zu identifizieren und einen anderen Mann so zu lieben, wie man sich von der Mutter selbst geliebt fühlte (beziehungsweise geliebt fühlen wollte). Daß Freud «Sterben» und «Orgasmus» auf dem Weg einer Phantasie über die Rückkehr in den Mutterleib verknüpfte, läßt sich auch noch aus anderen Äußerungen erschließen, welche die Szene in dem Kindheitstraum mit den vogelköpfigen Trägern der Totenbahre bestätigen. In einer Fußnote zur zweiten Ausgabe der «Traumdeutung», die im gleichen Jahr erschien, als er in Bremen bei Jungs Begeisterung für die Moorleichen ohnmächtig wurde, interpretiert Freud die Folgen früher Phantasien von der Rückkehr in den Mutterleib und vom Leben im Schoß der Mutter. Sie erklären seiner Ansicht nach die ebenso heftige wie verbreitete Angst davor, lebendig begraben zu werden, die bereits in alten Märchen (Beispiel: Sindbad) eine große Rolle spielt. In dem Aufsatz über das «Unheimliche» geht es wieder um die «Krone der Unheimlichkeit» in der Phantasie, lebend begraben zu werden, welche mit der lustvollen Rückkehr in den Mutterleib zusammenhänge. Das Unheimliche ist im Grunde das allzu heimliche, verboten-ersehnte Geheimnis der frühen sexuellen Phantasie (Freud 1919, Ges. W. XII.)

In Analysen von Männern, deren Mütter um ein früh verstorbenes Kind trauerten, habe ich immer wieder gefunden, daß sich diese Männer mit dem toten Geschwister identifizierten, weil es – so glaubten sie, und manchmal gab die Mutter in ihrem Schmerz viel Anlaß dazu – der Mutter kostbarer gewesen sei als sie selbst. Das tote Brüderchen, das so kurz nach der Geburt starb, war wieder in die Mutter zurückgekehrt, ein zugleich schreckliches und beneidenswertes Schicksal, das sich bei Freud wahrscheinlich mit den ödipalen erotischen Wünschen verband.

Der Schwanz des Geiers

Viele Eigenheiten Freuds, die sein langjähriger Arzt Max Schur beschrieben hat, wurzeln in dieser frühen Begegnung mit dem Tod: die immer wieder bemerkbaren Trennungsängste, die Reisephobie, die Zahlenspiele, mit denen er das Datum des eigenen Sterbens festlegen wollte. Freud litt schon lange, bevor er körperlich erkrankte, an einer psychischen Anspannung, die er in einem ergreifenden Brief von 1899 (19. Februar) an Wilhelm Fließ formuliert hat:

«Teurer Wilhelm!
Also geht es Dir ebenso, brauche ich mich nicht zu schämen. Auch Du beginnst Briefe am 11., die Du erst am 16. fortsetzen kannst; und am 16. kannst Du von nichts anderem schreiben als von der einen ungeheuerlich großen, für die Kräfte des armen Menschen allzuschweren Arbeit, der jede Regung des Denkens gehört und die allmählich alle anderen Fähigkeiten und Empfänglichkeiten aufsaugt, eine Art von Neoplasmagewebe, das sich ins Menschliche infiltriert und es dann ersetzt. Beinahe habe ich's noch besser – oder schlechter.
Arbeit und Erwerbstätigkeit fallen bei mir zusammen, ich bin ganz Karzinom geworden. Das Neugebilde trinkt in seinen letzten Entwicklungsstadien gern Wein; heute soll ich ins Theater; es ist aber lächerlich, gleichsam als wollte man aufs Karzinom transplantieren. Da haftet nichts und meine Lebensdauer ist von nun an die des Neoplasmas» (Zit. n. Freud 1986, S. 37).

In ebendiesem Brief entwirft Freud, was die neurotische Erkrankung vom allnächtlichen Traumprozeß unterscheidet. Das Symptom drängt ins wache Leben, es muß daher – anders als der Traum – nicht nur die Wunscherfüllung des Verdrängten, sondern auch die Befriedigung des Verdrängenden (der Zensur, des späteren Über-Ich) aufnehmen. «Wunscherfüllung des verdrängenden Gedankens ist das Symptom z. B. als Strafe, Selbstbestrafung, die letzte Ersetzung der Selbstbefriedigung, der Onanie» (Freud 1899, zit. n. 1986, S. 378).

Wie Schur glaube ich nicht, daß Freuds Krebserkrankung eine unmittelbare Folge seiner Schuldgefühle wegen der «Ursünde» oder «Ursucht» der Onanie war. Er selbst hat seine Nikotinsucht mit dieser «Ursünde» verknüpft. Die Karzinome in seiner Mundschleimhaut waren durch die Tatsache, daß er ein starker Raucher war (und trotz der Erkrankung blieb), mitbedingt. Auch in diesem Zusammenhang scheint es bedeutungsvoll, daß Freud von der *nibio*-Szene in den Tagebüchern Leonardos so gefesselt wurde und daß er aus dem Milan einen Geier machte, den Totenvogel und das Muttersymbol. Während Leonardo diese Kindheitserinnerung mit seinen Untersuchungen des Vogelflugs verknüpft hat, gab ihr Freud eine sexuelle Bedeutung, die allerdings die Aktivität vom Vogel auf den saugenden Mund verschiebt. Wie bereits erwähnt, rekapituliert Freud hier ein Stück der Abwendung von seiner früheren Theorie der Traumatisierung des Kindes durch sexuellen Mißbrauch von seiten der Erwachsenen (Masson 1984) zu einer Untersuchung der kindlichen Triebwünsche und Verführungsphantasien. Nimmt man den Inhalt der Notiz Leonardos in dem vom Künstler hergestellten Zusammenhang, steckt darin ein (auch an anderen Stellen der Tagebücher nachweisbares*) Interesse, sich von der Natur selbst auserwählt und bestätigt zu fühlen, eine Empfindung, die Freud nicht fremd war, eine der allgemeinsten narzißtischen Phantasien. Der elegant fliegende Milan wählt, ein Schutzgeist in Tiergestalt, den kleinen Leonardo zu seinem Mündel.

Die Amalgamierung von Sexualität und Tod in der Geier-Szene ist zunächst nicht mehr als eine Koinzidenz, das Zusammentreffen von Bedeutungen, die eine überraschend sinnvolle Gestalt gewinnen. Beide Themen lassen sich in dieser Verknüpfung in Freuds Werken immer wieder finden. Aber es wäre eine grobe Vereinfachung, die übereilte Eindeutigkeit, mit der Freud Leonardo interpretiert, durch eine ebenso übereilte Eindeutigkeit zu ersetzen, daß Freud «nur» seine eigenen Probleme in das vieldeutige Material über Leonardos Lebensgeschichte projiziert habe. Erfahrungsgemäß ist die Projektion nicht nur ein Weg, sich zu irren, sondern auch ein Mittel, etwas herauszufinden. Der Paranoiker, welcher sich von einer Umwelt verfolgt fühlt, in die er seine eigenen Aggressionen projiziert, entwickelt in dieser Situation eine Schärfe der Wahrnehmung, welche dem Gesunden fehlt.

Eine Frage, die hier nur gestellt werden kann, ist die nach ähnlichen Qualitäten des sogenannten magischen Denkens. Die Erwartung, aus bestimmten Einfällen, Zeichendeutungen und so weiter die Zukunft vorauszuerkennen, ist für unsere wissenschaftliche Betrachtung eine Phantasie, die den Gang des Schicksals weder beeinflußt noch voraussagt. Die menschliche Neigung, sich Illusionen über die Zukunft zu machen, sie in törichter Weise zu verkennen, *keine* realisti-

---

✴ Im Juni 1505 begann Leonardo, das (später zerstörte) Fresko der Schlacht von Anghiari im Saal des Palazzo Vecchio von Florenz zu malen. Er notierte: «Als ich den Pinsel ansetzte, verschlechterte sich das Wetter, und es ertönte die Glocke, um die Menschen zur öffentlichen Pflicht zusammenzurufen, der Karton wurde zerrissen, das Wasser strömte nieder, und der Wasserbehälter barst. Und weiter verschlimmerte sich das Wetter, und es regnete bis zum Abend in Strömen, und es war gleichsam Nacht» (zit. n. de Mazzeri 1990, S. 263).

schen Vorstellungen für die eigene Bedeutung oder die Wirkungen des eigenen Tuns zu entwickeln, scheint unendlich groß. Man sollte an sie denken und sie den seltenen Erscheinungen der Präkognition und des gültigen «Hellsehens» gegenüberstellen, um ein korrektes Bild unserer Wirklichkeit zu gewinnen. Wer versucht, in die Zukunft zu sehen, wird sich irren; wer es nicht versucht, dem kann es nicht gelingen. Daher haben Propheten zwar öfter unrecht als recht, aber *wenn* jemand in die Zukunft blickte und es ihm gelang, dann sind es doch immer die schöpferisch-undisziplinierten Menschen gewesen, weil sie ihren Geist in dieser Richtung angespannt haben und (der erhöhten Sensibilität des Projizierenden vergleichbar) Zeichen zu deuten, Impulse aufzunehmen wußten, die anderen entgingen.

Max Schur hat eine solche «Vorausahnung» Freuds analysiert, die auf eine merkwürdige (von Schur übersehene) Weise mit seiner Sucht und seinem Tod (also dem Geier-Motiv) zusammenhängt. Am 27. August 1899 schrieb Freud an Fließ über seine Arbeit am siebten Kapitel der «Traumdeutung»: «Jeder Versuch, es besser zu machen, als es von selbst gerät, verleiht ihm etwas Gequältes. Es wird also 2467 Fehler haben – die ich ihm lassen werde» (Freud 1986, S. 404).

Freud fügte diesem Brief ein Postskriptum hinzu, das er später von Fließ zurückerbat und in der «Psychopathologie des Alltagslebens» veröffentlichte. Er nimmt die Zahl 2467 als Modell, um zu beweisen, daß es nichts Willkürliches, Undeterminiertes im Psychischen gibt:

«Nun hatte ich gerade vorher in der Zeitung gelesen, daß ein General E. M. als Feldzeugmeister in den Ruhestand getreten ist. Du mußt wissen, der Mann interessiert mich. Während ich als militärärztlicher Eleve diente, kam er einmal, damals Oberst, in den Krankenstand und sagte zum Arzte: ‹Sie müssen mich aber in acht Tagen gesundmachen, denn ich habe etwas zu arbeiten, worauf der Kaiser wartet.› Damals nahm ich mir vor, die Laufbahn dieses Mannes zu verfolgen, und siehe da, heute (1899) ist er am Ende derselben, Feldzeugmeister und schon im Ruhestande. Ich wollte ausrechnen, in welcher Zeit er diesen Weg zurückgelegt, und nahm an, daß ich ihn 1882 im Spital gesehen. Das wären also 17 Jahre. Ich erzähle meiner Frau davon und sie bemerkt: ‹Da müßtest du also auch schon im Ruhestand sein?› Und ich protestiere: Davor bewahre mich Gott. Nach diesem Gespräche setzte ich mich an den Tisch, um Dir zu schreiben. Der frühre Gedankengang setzte sich aber fort, und mit Recht. Es war falsch gerechnet; ich habe einen festen Punkt dafür in meiner Erinnerung. Meine Großjährigkeit, meinen 24 Geburtstag also, habe ich im Militärarrest gefeiert (weil ich mich eigenmächtig absentiert hatte). Das war also 1880; es sind 19 Jahre her. Da hast Du nun die Zahl 24 in 2467! Nimm nun meine Alterszahl 43 und gib 24 Jahre hinzu, so bekommst Du 67. Das heißt, auf die Frage, ob ich auch in den Ruhestand treten will, habe ich mir im Wunsche noch 24 Jahre Arbeit zugelegt. Offenbar bin ich gekränkt darüber, daß ich es in dem Intervall, durch das ich den Obersten M. verfolgt, selbst nicht weit gebracht habe, und doch wie in einer Art von Triumph darüber, daß er jetzt schon fertig ist, während ich noch alles vor mir habe. Da darf man mit Recht sagen, daß nicht einmal die absichtslos hingeworfene Zahl 2467 ihrer Determinierung aus dem Unbewußten entbehrt» (S. Freud 1899, zit. n. Schur 1973, S. 237 f.).

Im Jahr 1923 wurde Freud die hier angekündigten 67 Jahre alt, und in ebendiesem Jahr wurde auch seine Krebserkrankung festgestellt. Er hatte sich 24 Jahre gegeben, ebensoviel Jahre, wie man damals bis zur Volljährigkeit benötigte, und er hatte mit 24 begonnen zu rauchen.

In der Frage, ob eine Sucht heilbar ist, war Freud immer sehr skeptisch, mit guten persönlichen Gründen.* Am Jahresanfang 1929 verschickte die Arents-Company einen Fragebogen an prominente Personen – darunter auch Freud –, in dem diese über ihre Rauchgewohnheiten befragt wurden. Freud antwortete am 12. Februar: «Ich begann mit 24 Jahren zu rauchen, zuerst Cigaretten, bald aber ausschließlich Cigarren, rauche auch noch heute (72 1/2 J.) und schränke mich in diesem Genuß sehr ungern ein. Zwischen 30 und 40 Jahren mußte ich das Rauchen durch 1 1/2 Jahre aufgeben wegen Herzstörungen die vielleicht Nikotinwirkung wahrscheinlich aber Folge einer Influenza waren. Seither bin ich meiner Gewohnheit oder meinem Laster treu geblieben und meine, daß ich der Cigarre eine große Steigerung meiner Arbeitsfähigkeit und eine Erleichterung meiner Selbstbeherrschung zu danken habe» (zit. n. Schur 1973, S. 81 f.).

Die Möglichkeit, *gleichzeitig* die autoerotisch und narzißtisch stimulierende Wirkung des Rauchens zu genießen und zu arbeiten, fesselte Freud an die Zigarre, auch als er wußte, daß sie für seine Krebserkrankung verantwortlich war. Die Verbindung zwischen (auto)erotischer Befriedigung und Tod wird hier in alltäglichen Entscheidungen sichtbar; man erinnert sich an die Stelle in den «Brautbriefen», wo sich Freud (Heinrich Heine paraphrasierend) mit jenem arabischen Stamm der Asra vergleicht, dessen Mitglieder o. ä. «sterben,

---

* «Es ist mir die Einsicht aufgegangen, daß die Masturbation die einzige große Gewohnheit, die ‹Ursucht› ist, als deren Ersatz und Ablösung erst die anderen Süchte nach Alkohol, Morphin, Tabak etc. ins Leben treten. Die Rolle dieser Sucht ist in der Hysterie ganz ungeheuer, vielleicht ist hier mein noch ausstehendes großes Hindernis ganz oder teilweise zu finden. Natürlich regt sich dabei der Zweifel, ob solche Sucht heilbar ist oder ob Analyse und Therapie hier Halt machen und sich begnügen müssen, eine Hysterie in eine Neurasthenie zu verwandeln» (Freud 1986, S. 312 f.). Im Gegensatz zu den auffälligen Symptomen der Hysterie galt die Neurasthenie in der medizinischen Terminologie des 19. Jahrhunderts als allgemeine «Nervenschwäche»; vergleichbare Krankheitsbilder werden heute als «vegetative Dystonie» oder «larvierte Depression» diagnostiziert (vgl. Stichwort «Neurasthenie» in Encyclopaedia Britannica, 11. Ed., 1910, Bd. 19, S. 428).

wenn sie lieben» (Freud 28. 8. 1883, zit. n. Freud 1968, S. 38). Mit 24 Jahren, zu Beginn seiner Volljährigkeit, begann Freud mit diesem «Laster». Der 43jährige gibt sich noch 24 Jahre bis zu seinem «Ende», und tatsächlich erkrankt er zu diesem Zeitpunkt. Aber die Phantasie ist keine Prophetie. Schur hat vermutet, daß Freuds Gleichmut, als er von seinem Karzinom erfuhr, eine Folge seiner Todeserwartungen war, jener *belle indifférence*, der Hysterie verwandt, welche die Kranken seltsam entspannt, fast erfreut von einem Leiden berichten läßt, in dem ihre Konflikte gebunden, die Wünsche von Es und Über-Ich zusammen befriedigt sind (Schur 1973, S. 238).

Dem Moses war prophezeit worden, er werde das Gelobte Land nie sehen. Durch das Opfer der Erstgeburt war der Auszug aus Ägypten ermöglicht, durch das Opfer des großen Führers und Gesetzgebers der Einzug in Palästina verwirklicht. Diese mythischen Zusammenhänge klingen in Freuds Einfall an, daß eine große Entdeckung (subjektiv: die Größenphantasie des Genies) mit dem eigenen Leben bezahlt werden muß.* Die Identifizierung mit Moses ist in Freuds Arbeit keineswegs ungebrochen. In die Bewunderung der Gestalt mischt sich Scham, selbst Angst, ihren Forderungen nicht zu genügen, ganz ähnlich wie in der Phantasie, Genialität sei nur durch Unheil aufzuwiegen, welche Thomas Mann in seinem «Doktor Faustus» beschäftigt hat. «Wie oft bin ich die steile Treppe vom unschönen Corso Cavour hinaufgestiegen zu dem einsamen Platz, auf dem die verlassene Kirche steht, habe immer versucht, dem verächtlich-zürnenden Blick des Heros standzuhalten, und manchmal habe ich mich dann behutsam aus dem Halbdunkel des Innenraums geschlichen, als gehörte ich selbst zu dem Gesindel, auf das sein Auge ge-

* Oder, banaler: daß auch Genialität nicht vor dem Tod schützt.

richtet ist, das keine Überzeugung festhalten kann, das nicht warten und nicht vertrauen will und jubelt, wenn es die *Illusion des Götzenbildes* wieder bekommen hat» (GW X, S. 175).

Bereits Ernest Jones ist diese Identifizierung Freuds mit Moses aufgefallen. Seine Studie über Michelangelos Werk entstand im gleichen Monat wie die beiden Abhandlungen, in denen Freud seine Differenzen mit C. G. Jung öffentlich machte («Zur Einführung des Narzißmus» und «Die Geschichte der psychoanalytischen Bewegung»). In seinen Briefen vergleicht sich Freud ausdrücklich mit Moses. Aus dem Propheten, der seinem Zögling Josua-Jung das ihm selbst unerreichbare Gelobte Land verspricht, ist der zürnende Gesetzgeber geworden, der feststellen muß, daß der Pöbel in die Illusion zurückfällt, daß Adler, Stekel und Jung die hohe Lehre der Psychoanalyse für das Goldene Kalb preisgeben (Jones II, S. 432). Jack J. Spector hält aber Jones' Deutung für unvollständig. Michelangelos Moses ist nicht nur der bewunderte Held, sondern auch der zornige Vater, vor dessen Blick der Sohn in der Schar seiner Brüder zu verschwinden wünscht (Spector 1972, S. 77). So erscheint hinter der ambivalenten Identifizierung mit dem heroischen Vater wieder die Todessehnsucht, der Wunsch, mit der Mutter zu verschmelzen, wozu die Vermutung von Raphael Patai und Robert Graves nicht übel paßt, daß im Topos des Goldenen Kalbes auf den Kult der kleinasiatischen Muttergöttin angespielt wird, der Eunuchen-Priester dienten.*

Wo Michelangelo die Ergriffenheit eines Visionärs und Propheten von einer übermenschlichen Macht darstellen wollte, erkennt Freud die Dynamik von Es und Über-Ich: Der innere Konflikt tritt an die Stelle der metaphysischen Inspiration. Wie der Analytiker in der Probe-Identifizierung mit dem

---

✠ Robert von Ranke-Graves, Die Weiße Göttin, Reinbek 1985, und Robert von Ranke-Graves mit Raphael Patai, Hebräische Mythologie, Reinbeck 1986.

Patienten, welche seine Empathie ermöglicht, sucht Freud die inneren Vorgänge Mose zu enträtseln, als sei soeben er selbst erstarrt. Diese Erstarrung deutet (und lobt) Freud als Selbstbeherrschung, als Macht über den ursprünglichen Affekt von Wut und Rachsucht, im Angesicht des rückfälligen Gesindels die mühsam geschriebenen Tafeln zu zerschmettern. «Und wirklich, ich weiß mich an meine Enttäuschung zu erinnern, wenn ich bei früheren Besuchen in S. Pietro in Vincoli mich vor die Statue hinsetzte, in der Erwartung, ich werde nun sehen, wie sie auf dem aufgestellten Fuß emporschnellen, wie sie die Tafeln zu Boden schleudern und ihren Zorn entladen werde. Nichts davon geschah; anstatt dessen wurde der Stein immer starrer, eine fast erdrückende heilige Stille ging von ihm aus, und ich mußte fühlen, hier sei etwas dargestellt, was unverändert so bleiben könne, dieser Moses werde ewig so dasitzen und so zürnen» (GW X, S. 183). Moses bezwingt seinen Zorn, weil er im Gewahrwerden seines Auftrags nicht den Affekt befriedigt, sondern seine Vision erneuert. Endlich wird «die gewaltige Körpermasse und kraftstrotzende Muskulatur der Gestalt ... nur zum leiblichen Ausdrucksmittel für die höchste psychische Leistung, die einem Menschen möglich ist, für das Niederringen der eigenen Leidenschaft zugunsten und im Auftrage einer Bestimmung, der man sich geweiht hat» (GW X, S. 198).

Eine Untersuchung, die sich mit drei komplexen Persönlich-keiten und einem halben Jahrtausend europäischer Geistes-geschichte befaßt, wird nicht systematisch, sondern essayi-stisch vorgehen. Sie nimmt die wechselnden Spannungen zwischen Sammelbegriffen wie «Kunst» und «Wissenschaft», «Suggestion» und «Analyse», «Sexualität» und «Tod» auf, verbindet sie mit historischen Daten und konkreten Beispie-len aus dem Leben der großen Männer, mit denen sie sich befaßt. Wie jede Geschichtsschreibung muß auch die über historische Beziehungen zwischen verschiedenen Genies herausgreifen, was bedeutungsvoll ist, um eine spezifische Gestalt von einem allgemeinen Hintergrund abzuheben. Ein verbindendes Motiv schält sich erst allmählich heraus. Es sollte nie die Aufmerksamkeit für wesentliche Unterschiede erlahmen lassen. Unsere Psychohistorie geht insofern über die reine Geschichte hinaus, als sie sich nicht nur damit be-faßt, wie zum Beispiel Leonardo «wirklich war», sondern auch damit, warum Freud Leonardo in manchen Punkten so verzerrt wahrgenommen hat. Dieses Material wird nicht nur gesammelt, weil es fesselnde Einzelheiten enthält, sondern auch Auskunft gibt über die Problematik der Versuche, die «menschliche Wahrheit» – die Wahrheit über die Natur um uns und über unsere eigene Natur in ihrem Spannungs-verhältnis – zu erfassen. Das haben auf ihre Weise Freud, Leonardo und Michelangelo versucht, jeder ein Getriebe-ner, rastlos und stets voller Zweifel, ob das angestrebte Ziel erreichbar sei.

In der psychoanalytischen Theorie von den leibseelischen Zusammenhängen gibt es den Begriff eines «somatischen

Entgegenkommens», mit dem die Tatsache erfaßt ist, daß unter großen seelischen Belastungen Frau A einen Gallenstein, Frau B ein Magengeschwür, Herr C ein Bronchialasthma und Herr D ein Nierenversagen entwickeln. An eine solche verborgene Affinität erinnert auch der Zusammenhang zwischen Projektion und Realität. Freud hat nicht versucht, Leonardos Genie zu deuten. In diesem Punkt spricht er ausdrücklich von einem Geheimnis, das die Psychoanalyse nicht erhellen kann. Aber sie kann sich ihm gewiß noch weiter annähern, als es durch die Konzentration auf die frühkindliche Sexualforschung möglich ist.

Im Genie müssen drei Voraussetzungen zusammentreffen: eine große Begabung auf einem oder mehreren Leistungsfeldern, eine eigene Vorstellung, zu besonderer Größe berufen zu sein, und eine strenge Selbstkritik, welche verhindert, daß diese Größenvorstellung unkritisch und selbstverliebt in Illusionen erfüllt wird. Wer nur begabt und kritisch ist, dem fehlt der Stachel, neue Gebiete zu erobern, sich in einer bisher nicht dagewesenen Weise zu äußern. Wer nur seine Größenvorstellung pflegt, ohne über Begabung und Selbstkritik zu verfügen, kann sich ein Leben lang als «verkanntes Genie» fühlen, das nach seinem Tod nicht entdeckt, sondern nur vergessen wird.

Leonardo ist ein gutes Beispiel für diese Dynamik des Genies, denn bei ihm finden sich neben Werken, die höchsten Ansprüchen genügen und das schöpferische Zusammenfließen von Begabung, Grandiosität und Kritik erweisen, viele Andeutungen von großartigen Projekten, die aus Mangel an Zeit, Disziplin und Selbstbeschränkung scheitern.

Warum hat Freud diese gut dokumentierte Problematik Leonardos nicht aufgegriffen, während er der so wenig belegten frühkindlichen Mutterbindung und Sexualhemmung im Erwachsenenalter solche Aufmerksamkeit schenkte? Ich vermute, weil die ambivalent erlebte Grandiosität zu den Konflikten gehörte, die ihn selbst so stark behelligten, daß er sich von ihr nicht so weit distanzieren konnte, um dieses Thema bei Leonardo zu analysieren. Gleichzeitig zog ihn aber ebendiese Ähnlichkeit mächtig an. Wenn wir an die Neoplasma-Metapher Freuds in den Zeiten seiner genialen Entdeckungen denken, wird vielleicht auch erkennbar, warum der «Todestrieb» eine Vorstellung ist, die Freud mit Leonardo teilte, wahrscheinlich als Teil einer unbewußten Phantasie von endlich erlaubter grandioser Regression.

Im Codex Arundel 156 V entwickelt Leonardo aus einer Diskussion über die Frage, weshalb in der Natur ein Wesen vom Tod des anderen lebt, einen erstaunlich «ökologischen» Gedanken, ein Prinzip, das erst im 19. Jahrhundert (Thomas Malthus) und in der aktuellen Biologie wieder größeren Raum gefunden hat. Er beschreibt, wie sich ein Gleichgewicht zwischen von der Natur geschaffenen und verzehrten Organismen herausbildet und Seuchen allzusehr angewachsene Populationen von Tieren und Menschen dezimieren. Daran schließt er seine Gedanken zum Todestrieb: «Sieh, die Hoffnung und der Wunsch, heimzufinden und zurückzukehren in das ursprüngliche Chaos, gleicht dem Schmetterling beim Licht, dem Menschen, der mit ständiger Sehnsucht immer freudig den neuen Frühling erwartet, immer den nächsten Sommer, immer den nächsten Monat, das nächste Jahr, dem es scheint, daß die von ihm erwünschten Dinge, wenn sie kommen, zu spät sind, und der sich nicht eingesteht, daß er seine eigene Auflösung ersehnt» («Leonardo» ed. Marinoni 1952, S. 166, übers. W. S.). Auch was die menschliche Fähigkeit angeht, mit der Natur ein harmonisches Gleichgewicht zu finden, war Leonardo skeptisch. Während zeitgenössische Denker vermuten, erst die drohenden atomaren und chemischen Katastrophen der Industrialisierung seien für den Pessimismus verantwortlich, in dem der Untergang des Menschengeschlechts zur Erlösung für einen gequälten Planeten wird, sagt Leonardo in seinen «Prophezeiungen»: «Alle Lebewesen schmachten ..., die Wälder werden verwüstet und die Berge geöffnet sein, damit die erzeugten Metalle geraubt werden können» (Mazzeri 1990, S. 196). In einem «Rätsel» über das Edelmetall geht er noch weiter: «O scheußliches Wesen, wieviel besser wäre es doch für die Menschen, wenn du in die Hölle zurückkehren würdest! Deinetwegen werden die großen Wälder verwüstet werden, deinetwegen werden unzählige Geschöpfe das Leben verlieren» (Mazzeri 1990, S. 197).

In der 117. Prophezeiung schreibt Leonardo: «Du wirst Tiere auf der Erde sehen, die sich stets untereinander bekämpfen, mit größten Schäden und häufig mit dem Tod beider Seiten. Es wird keine Grenzen ihrer Bosheit geben, und durch ihre grausamen Glieder wird ein großer Teil der Bäume in den großen Wäldern der Welt gefällt werden, und wenn sie das satt haben, werden sie nichts anderes wünschen, als jedem Lebewesen Tod, Schrecken, Angst oder unendliche Mühe zu bringen ... Es wird nichts auf der Erde, unter der Erde oder im Wasser sein, das nicht verfolgt, entfernt oder zerstört wird, aus einem Land in ein anderes geschafft ... O Welt, warum öffnest du dich nicht und stürzt ein so grausames und unwürdiges Ungeheuer in die tiefen Abgründe und Höhlen, so daß sie nie mehr den Himmel sehen?» (zit. n. Marinoni 1952, S. 128, übers. W. S.).

Wie sehr Leonardo durch eine Allmachts- und Allwissenheitsphantasie bestimmt wurde, zeigt die Widersprüchlichkeit in seinen moralischen Vorstellungen. Er spricht vom Krieg als bestialischem Wahnsinn, verurteilt den Menschen als grausames Monster, aber er entwirft perfekte Mordmaschinen, Katapulte, mit Giftpulver geladene Geschosse oder

Schnellfeuerkanonen, die er als «die tödlichste Maschine, die es gibt» lobt (Mazzeri 1990, S. 198). Triebdynamisch lassen sich solche Widersprüche als unvollständige Sublimierungen eines stark entwickelten Sadismus deuten (worauf auch Freud anspielt). Aber die Bindung an eine imaginäre Grandiosität scheint noch wesentlicher. Leonardo will beides: ein moralisch ganz untadeliger Mensch und ein berühmter Ingenieur sein, der die besten Kriegswerkzeuge erfindet. Nicht ein aus der kindlichen Sexualforschung stammender Wissensdrang allein ist für sein Verhalten verantwortlich, sondern eine Größensucht, die ihn dazu treibt, unendlich viel mehr zu beginnen, als er zu Ende führen kann. Solchen Menschen wird ihre große Begabung Hilfe und Fluch zugleich. Während der Untalentierte durch sein dauerndes Scheitern lernen mag, von seinen Omnipotenz- und Größenvorstellungen zu lassen, wird der Hochbegabte durch Teilerfolge immer wieder stimuliert, nach dem Unmöglichen zu greifen. Von allen bildenden Künstlern verkörpert Leonardo diesen Typus vielleicht am deutlichsten. Sein Nachlaß, den er Francesco Melzi vermachte, umfaßte 13 000 handgeschriebene Seiten (das entspricht etwa 70 gedruckten Büchern mit einem Umfang von je 185 Seiten), aber keiner dieser Texte hatte eine zur Herausgabe geeignete Form. Davon sind etwa 7000 Seiten erhalten, die in den verschiedensten späteren Zusammenstellungen vorliegen.

Immer wieder hat Leonardo die Wiederholung seiner Gedanken beklagt und sich selbst aufgefordert, endlich Klarheit zu schaffen. Aber stets hinderte ihn ein neues Projekt daran, diesen Vorsatz in die Tat umzusetzen. Er erinnert an eine verbreitete Arbeitsstörung, die ebenfalls mit einer verborgenen abgewehrten Grandiosität und einem Übermaß an Selbstkritik zusammenhängt. Die Betroffenen können nicht rechtzeitig mit einer Arbeit beginnen. Statt planmäßig vorzugehen, schieben sie alles vor sich her und stürzen sich mit großer Energie auf Vorarbeiten und Nebenbeschäftigungen (besorgen etwa entlegene Literatur, schwer erhältliche Arbeitsmaterialien). Das Werk kommt entweder nie zur Vollendung oder unter höchstem Druck in allerletzter Minute, wobei die unvermeidliche Hast seine Mängel vor dem strengen Gewissen entschuldigt und die erstaunlichen Leistungen, in zwei Tagen und Nächten zu schaffen, was in sechs Monaten nicht gelang, die unbewußten Größenvorstellungen bestätigt. Leonardo hat in seinen Texten gewissermaßen nebenbei wunderbare Zeichnungen und brillante Beobachtungen gemacht. Da ging es nicht um Endfassungen, um Vollendung. Er war ein geschätzter Hofmann, der Condottieri und Könige für sich einnahm; auch solche Qualitäten eignen dem Aufschieber, den die ständige Beschäftigung mit der Frage, warum er so wenig «fertigbringt», auch zu einer weit gründlicheren Auseinandersetzung mit dem Produktionsprozeß führt als den Künstler, der Grandiosität, Kritik und Begabung harmonisch entfalten kann (wie Raffael). Die von Chastel vermutete Bedeutung Leonardos als Widerspruchsgeist und Schöpfer kreativer Spannungen in seiner Umgebung hängt ebenfalls damit zusammen. Wenn er sich nicht selbst kritisierte, konnte er sicherlich ein sehr konstruktiver Kritiker sein; wenn andere seine Projekte realisierten, hinderte nichts seine Kreativität. Leonardo hat das Schreiben verwendet, um seine Gedanken zu zügeln, zu ordnen, mit großer Wahrscheinlichkeit auch, um existentielle Ängste abzuwehren. Er schrieb alles auf (daher ist Freuds Interpretation der Notiz über die Ausgaben für Salaìs Mantel dort verfehlt, wo sie einen Gegensatz zwischen der Banalität des Inhalts und dem Genius Leonardos herstellen will), verwendete jedes Blatt Papier, plante immer wieder große Abhandlungen über die Malerei, den Vogelflug, die Hydraulik, die Anatomie, Mechanik, Waffenkunde und Geologie, aber stellte nur zwei Bände dieser verwirrenden Sammlung loser Blätter selbst zu Bänden zusammen. Diese (Codex Madrid I und II) enthalten Zusammenfassungen der «Elemente» von Euklid, anderer geometrischer Bücher und vor allem Leonardos Untersuchungen zu den mechanischen Künsten (vgl. S. 110). Im Gegensatz zu Freud, der seine Notizen in periodischen «Autodafés» zu vernichten pflegte, hat Leonardo alles gesammelt, was er jemals geschrieben hatte, um es später abzuschreiben und zu ordnen. Er hielt anscheinend seine Energie für unerschöpflich. Wer seinen rastlosen Geist am Werk sieht, staunt ebenso über das Maß des Geleisteten wie über die ausufernde Grenzenlosigkeit der Pläne.

Lange Zeit hat man Leonardos im Codex Atlanticus (145 I V) überlieferte Briefe an den «Dervardar von Syrien, den Statthalter des heiligen Sultans von Babylon» für reine Phantasie gehalten. Aber 1952 entdeckte ein Forscher im Archiv des Topkapi-Palastes in Istanbul einen türkischen Text, der sich an den osmanischen Sultan Bayazit II. wandte. In ihm stellte sich «ein Ungläubiger namens Leonardo» als Ingenieur vor und ersuchte um den Auftrag für vier Projekte: eine besondere Art von Windmühlen, eine Pumpe, um Schiffsrümpfe zu lenzen, eine Brücke von Galata nach Konstantinopel und eine riesige Zugbrücke über die Meeresenge nach Anatolien. Der Sultan hatte den Brief nie zu Gesicht bekommen.

Leonardo war ein zu großer und kritischer Geist, um nicht über seine eigene Art, immer neue, grandiose Arbeiten zu planen, in innere Konflikte geraten. «Begonnen in Florenz im Hause des Piero di Baccio Martelli», schreibt er zu Beginn des Codex Arundel. «Es wird eine regellose Sammlung aus vielen Blättern, die ich hier abgeschrieben habe, in der Hoffnung, sie später der Reihe nach an der richtigen Stelle anzubringen, je nach den behandelten Gegenständen; und ich glaube, bevor ich damit fertig bin, werde ich mehrmals dasselbe wiederholen. Mach mir deshalb keinen Vorwurf, Leser, denn der Dinge sind viele, und das Gedächtnis kann sie nicht behalten und sagen: Das will ich nicht mehr schreiben, denn ich habe es vordem schon geschrieben. Wenn ich diesen Fehler vermeiden wollte, müßte ich für jeden Fall, den ich schreiben wollte, ohne mich zu wiederholen, alles schon Geschriebene noch einmal lesen» (Leonardo 1508, zit. n. Chastel 1990, S. 121).

Diese Bemerkung zeigt, daß Leonardo durchaus von der zwanghaften Natur seines Schreibens wußte. Es hatte für ihn eine ähnliche Funktion wie die Steinmetzarbeit für Michelangelo. Er schrieb, um sich vor Ängsten zu schützen, deren letzter Grund die Einsamkeit des Kindes ist, das vergeblich nach einer einfühlenden Mutter ruft. Untersuchungen von Schriftstellern haben gezeigt, daß das Schreiben als «Übergangsobjekt» im Sinn von Winnicott verstanden werden kann, als Beschäftigung, analog zu den Kuscheltieren und Schmusedecken kleiner Kinder, die allein schlafen müssen, ohne es schon wirklich zu können. Im Schreiben spricht der Autor zu einem Objekt, einem imaginären Leser, dessen verständnisvoll-mütterliche Qualitäten er allein weckt, erkennt und beherrscht. Dieser Leser versteht ihn ganz; er unterscheidet sich auch darin von einem realen Leser, daß er (wie die gute Mutter) der unermüdlichen Wiederholung immer wieder folgt. Das Schreiben erschafft ihn, die Magie des Geschriebenen bewahrt ihn, so ist der Autor niemals allein. Die schriftstellerische Disziplin verlangt eine kritische Unterscheidung zwischen *diesem* «Mutterleser» und dem wirklichen Leser, der sich leicht langweilt und bei der Stange gehalten sein will. Leonardo ist sich bewußt, daß ihm diese Disziplin fehlt, wenn er schreibt, während er sie als Maler und Zeichner besitzt.

Die Quelle der grandiosen Phantasien liegt wahrscheinlich in der frühen Interaktion mit der Mutter beziehungsweise dem «Primärobjekt», das heißt den Personen, welche ein Neugeborenes betreuen und für das Kind sorgen, solange es selbst noch hilflos ist. Wenn diese Fürsorge lückenhaft ist (wie man bei einem unehelichen Kind vermuten darf), kann es geschehen, daß die dem primären Narzißmus zugehörige Größenphantasie nicht in das reifende Ich integriert werden kann. Sie besteht in ihren urtümlichen Formen weiter und entfaltet eine drängende Aktivität, die eigene Geltung immer beweisen zu müssen, findet andrerseits jeden Beweis unzureichend und scheut die klärende (den gesunden Narzißmus stabilisierende) Situation, in der das beweisende Werk abgeschlossen, vollendet ist, dem Ideal standhalten muß, an dem es vom Über-Ich gemessen wird. In Leonardos Schriften läßt sich gut verfolgen, wie er immer wieder zu neuen, großen Arbeiten ansetzt, ohne die vorhergehenden fertigzustellen. Er kann dieses Verhalten zwar kritisieren, aber kaum ändern. In manchen Passagen gelingt es ihm, Kritik und Grandiosität zu versöhnen, indem er sie gemeinsam gegen einen verachteten Feind richtet – etwa gegen die «Abkürzer» (*abbreviatori*). Und in dieser Kritik schwingt etwas mit, was die Naturmystik Leonardos (und die Freuds) charakterisiert, ein Hauch der Sehnsucht, sich in einem universellen Wissen mit dem Kosmos (der Mutter) zu vereinen und so die Sehnsucht nach der Rückkehr in den vorgeburtlichen Zustand zu erfüllen: den Hintereingang zum Paradies zu finden, wie es Kleist in dem Aufsatz «Über das Marionettentheater» formuliert hat.

«Die Abkürzer der Werke schmähen Wissen und Liebe», sagt Leonardo (im Codex Windsor), «denn die Liebe zu jeglichem ist die Tochter des Wissens, und die Liebe ist um so glühender, je sicherer das Wissen ist: die Sicherheit wiederum entsteht aus der gesamten Kenntnis aller Teile, die, miteinander vereint, die Gesamtheit des geliebten Gegenstands bilden. Was für einen Sinn hat es, wenn einer verkündet, er wolle von etwas eine alles umfassende Nachricht geben, wenn er dann, um die Teile abzukürzen, den größten Teil des Dinges, aus denen sich das Ganze zusammensetzen läßt, ausläßt?» (zit. n. Chastel 1990, S. 122).

Die Allmachtsvorstellungen des primären Narzißmus sind sublimiert zu einer Sehnsucht, alles zu wissen und zu erfahren. Aber Leonardo ist sich dessen bewußt, daß er mit seinen Forschungen gegen eigene depressive Neigungen ankämpft. Im Codex Atlanticus schreibt er: «Viele glauben, sie hätten das Recht, mich zu tadeln, unter dem Vorwand, daß meine Beweise manchen Autoren widersprechen, vor denen ihr unerfahrenes Urteil großen Respekt hat, wobei sie nicht bedenken, daß alles, was ich weiß, von der einen, einfachen Erfahrung, der wahren Lehrmeisterin kommt. Diese Regeln helfen dir, das Wahre vom Falschen zu unterscheiden, was wiederum bewirkt, daß sich die Menschen maßvoll Mögliches vornehmen und daß du dich nicht in Unwissenheit hüllst, denn die würde dich, da sie zu keinem Ergebnis führt, in Verzweiflung und Melancholie stürzen.»

Leonardo ist also in seinem Forschungsdrang selbst ein Getriebener, einem jener urtümlichen Fische verwandt, die noch keine Kiemen haben und daher unaufhörlich vorwärts schwimmen müssen, um nicht zu ersticken und zu Boden zu sinken.

«Wenn das Werk dem Urteil entspricht», sagt Leonardo im Codex Urbinus (dem von Francesco Melzi, seinem Erben, zusammengestellten *Trattato della pittura*, «ist das ein schlechtes Zeichen für dieses Urteilsvermögen; wenn das Werk die Erwartung des Urteils übersteigt, ist das noch schlechter, wie es einem geschieht, der sich wundert, so gut gearbeitet zu haben; und wenn das Urteilsvermögen das Werk übersteigt, ist es das beste Zeichen, und wenn der Maler in jungen Jahren diese Veranlagung hat, dann wird zweifellos ein hervorragender Schaffender aus ihm, jedoch wird er nur wenige Werke schaffen, aber von solcher Art, daß die Menschen, in Bewunderung verharrend, deren Vollkommenheit betrachten» (zit. n. Chastel 1990, S. 162).

Auch hier erkennt Leonardo, wie unbarmherzig seine Selbstkritik ist und wieviel an seiner Arbeit sie zum Torso macht. Aber er stellt sich dieser Situation und verweigert sich trotzig dem Trost, den andere Künstler in Konzepten wie dem der Inspiration gesucht haben («der sich wundert, so gut gearbeitet zu haben»). Die Inspiration hängt mit dem Glauben an eine projizierte (der Künstler ist von der Muse, dem Gott, dem Dämon «besessen») oder innere Macht zusammen, welche das kritische Urteil überwältigt und dem Schaffenden die Hand führt. Davon will Leonardo nichts wissen. Dies war sicher ein Zug, der ihn Freud sehr sympathisch machte. Kunst ist für Leonardo stete, der von Freud geforderten «gleichschwebenden» Aufmerksamkeit eng verwandte Konzentration. Wenn manche Wissenschaftshistoriker[*] die Methode der «freien Einfälle» auf Freuds Kenntnis der Werke Börnes (vor allem der Satire über «Die Kunst, in drei Tagen ein Original-Schriftsteller zu werden»[**] – man schreibt einfach kunterbunt auf, was einem in den Sinn kommt) zurückführen, könnte man mit mehr Recht auf Leonardo verweisen. Bei ihm ist nicht nur die «gleichschwebende Aufmerksamkeit», sondern auch der «wohlgeschliffene Spiegel» (also die Rolle des Analytikers) als Anforderung an den Maler formuliert, der ein «universeller Meister» werden will:

«Der Geist des Malers muß dem Spiegel ähnlich werden, der, ständig wechselnd, die Farbe dessen annimmt, das vor

[*] Vgl. Clark 1981, S. 141
[**] Ludwig Börne, 1823, zit. n. Freud, Zur Vorgeschichte der analytischen Technik, GW XII, S. 311

ihm steht und sich mit ebensoviel Abbildern füllt, wie er Gegenstände vor sich hat. Du weißt also, Maler, daß du nur gut sein kannst, wenn du, als universaler Meister, alle mannigfaltigen Formen nachahmst, die die Natur hervorbringt, was dir aber nicht gelingen wird, wenn du sie nicht vorher ansiehst und in deinem Geist abbildest. Wenn du also über Land gehst, wende deine Aufmerksamkeit verschiedenen Gegenständen zu, betrachte nach und nach bald dies, bald jenes und such dir aus allem ein Bündel erlesener Gegenstände aus. Mach es ja nicht wie manche Maler, die, wenn sie im Kopf müde sind, ihre Arbeit niederlegen, um sich Bewegung zu verschaffen, sich durch einen Spaziergang erquicken möchten, dabei aber bleibt ihr Geist matt, und nicht daß sie auf verschiedene Dinge nicht achten wollten, aber es geschieht oft, daß sie Freunden oder Verwandten begegnen und von ihnen gegrüßt werden, diese aber weder sehen noch hören und nicht anders an ihnen vorübergehen, als wenn sie auf Luft gestoßen wären» (zit. n. Chastel 1990, S. 164).

Der sinnliche, empirische Realismus, den Leonardo hier vertritt, enthält eine Polemik gegen die idealistische Auffassung, daß die Sinnlichkeit den Geist versklavt und die visionäre Wendung nach innen der Orientierung an den Reizen der Außenwelt überlegen ist. Möglicherweise hat sich Leonardo in seiner Polemik gegen den «melancholischen», in seinem Geist ermüdeten, inneren Bildern hingegebenen Künstler auf Michelangelo bezogen, von dem dieses Verhalten berichtet wird. Die heute dem «zerstreuten Professor» zugeordnete Abwendung von der Außenwelt hat jedenfalls eine neuplatonische Wurzel und war in der Renaissance für die «saturnische» Seite des Künstlers ein gültiges Bild. Der verschleierte oder abgewandte Blick fast aller Gestalten Michelangelos unterscheidet sich stark von der aufmerksamen, hellwach konzentrierten Zuwendung zur Welt oder zu einem Gegenüber, der Leonardos Bilder auszeichnet. Seine Gesichter sind primär auf ihre sinnlich erfaßte Umgebung bezogen, während Michelangelos Meisterwerke in visionäre Träume versunken scheinen oder – wie der «David» – durch äußere Drohung aus ihnen gerissen sind.

Exkurs 1. Leonardos Sexualität

Homosexualität war in der Renaissance Mode, weil man sie mit den Sitten der antiken Welt verknüpfte und der verehrte Platon sich zu ihr bekannt hatte. Die Humanisten sprachen nachsichtig über sie, Ariost hielt sie sogar für ein Merkmal des Gebildeten. Die meisten Anekdoten aus der Epoche sprechen für eine Mischung von Männer- und Frauenliebe; berühmte Zeigenossen wie der reiche Bankier Filippo Strozzi galten homoerotischen Genüssen zugeneigt und luden gleichwohl bekannte Kurtisanen wie Camilla Pisani in ihre Villen.

Dennoch wurde die Knabenliebe verfolgt, vor allem nach Anzeigen aus der Bürgerschaft, wobei es in Florenz (ähnlich wie in Venedig, wo der Briefkasten für die Denunziationen im Dogenpalast noch erhalten ist) üblich war, Verdächtigungen an die Mauern des Rathauses anzuschlagen. Am Morgen des 8. April 1476 bezichtigte eine anonyme Notiz am Palazzo Vecchio sämtliche Schüler in der Werkstatt Verrocchios, Sodomie getrieben zu haben. Unter den Beschuldigten war Leonardo, damals 24 Jahre alt. Die Angezeigten wurden verhaftet und verhört. Unter ihnen befand sich auch Leonardo Tornabuoni, ein Neffe des Lorenzo de' Medici. Anscheinend wurden die Inhaftierten bald wieder entlassen. Zwei Monate später folgte eine erneute Anzeige. Es kam zum Prozeß. Die Angeklagten wurden freigesprochen, wobei nicht ausgeschlossen werden kann, daß die Familien Tornabuoni und

Medici ihren Einfluß geltend machten (obwohl eine Republik, beherrschten die Medici Florenz, da sie sämtliche Schlüsselpositionen mit ihren Leuten besetzt hatten). Über Leonardos Verwicklung ist wenig bekannt. Er schied kurze Zeit danach aus Verrocchios Werkstatt aus und arbeitete von nun an selbständig als Maler. In einer seiner Notizen steht: «Als ich den Herrgott als Knaben malte, habt ihr mich ins Gefängnis gesperrt; jetzt, da ich ihn als reifen Mann darstelle, werdet ihr mir Schlimmeres antun.» Wahrscheinlich spielt er damit auf die Erlebnisse von 1476 an, denn sein Modell für den Jesusknaben, ein gewisser Jacopo Saltarelli, damals 17 Jahre alt, war in der anonymen Anzeige als Opfer der sodomitischen Orgien erwähnt, die sich im Hause Verrocchios abspielen sollten (Mazzeri 1990, S. 45). Saltarelli diente auch anderen Künstlern als Modell. Er soll Strichjunge gewesen sein. Es gibt Grund, zu vermuten, daß der Mailänder Straßenjunge Giacomo Caprotti (besser bekannt unter dem Spitznamen Salaì) einem ähnlichen Beruf nachging. Leonardo nahm ihn 1490 in seinen Haushalt auf. Eine in Windsor aufbewahrte Skizze zeigt einen schönen Jüngling mit feinen Zügen und Locken, wie sie wohl auch Leonardo hatte – ein Hinweis auf die «narzißtische Objektwahl», also auf die Liebe zu dem Knaben, der er selbst einmal war.

Während Freud im Gefolge Mereschkowskis überzeugt ist, daß Leonardos erotische Neigungen verkümmert und sublimiert waren, scheint eine weltlichere Auffassung seiner Motive angebracht, Salaì aufzunehmen. Im Rahmen von Restaurierungsarbeiten des Codex Atlanticus wurde entdeckt, daß auf der Rückseite eines von Leonardo handbeschriebenen Blattes Salaì obszön karikiert war, offensichtlich die Arbeit eines Schülers aus der Werkstatt. Die Zeichnung beweist wohl, daß die Beziehungen zwischen Leonardo und dem Knaben im Haus Leonardos kein Geheimnis waren. Die

Gehilfen des Malers, Marco d'Oggione und Giovanni Boltraffio, verachteten Salaì, weil er stahl, beneideten ihn aber auch um den Schutz, den er genoß. Leonardo beklagt sich in manchen Notizen über seinen Geliebten – «diebisch, dickköpfig, verlogen, verfressen» schreibt er, kurz nachdem er ihn aufgenommen hat. Er ließ ihm Kleider machen, aber Salaì stahl das Geld, ehe sie bezahlt waren, und vernaschte es. Er nahm ein Stück türkisches Leder, das ein Freund Leonardos, Agostino da Pavia, ihm geschenkt hatte, und verkaufte es, nahm Marco d'Oggione einen goldenen Griffel fort und plünderte die Taschen von Besuchern, wie er es bei den Straßenbuben gelernt hatte.

«Der Vorgang der Zeugung und die Glieder, die dabei gebraucht werden, sind so abstoßend häßlich, daß die Natur die menschliche Spezies verlieren würde, wenn die Gesichter und die Affekte der Zeugenden und die gebändigte Sinnenlust nicht etwas Schönes an sich hätten» (Mazzeri 1990, S. 123). Solche Äußerungen weisen darauf hin, daß Leonardo die Sexualität schlecht in seine Lebensauffassung integrieren konnte, ähnlich wie Salaì in seinen Haushalt. Das spricht für eine psychische Spaltung: Von Leonardo geachtete Männer waren als Sexualobjekte untauglich, nur die charakterlich fragwürdigen weckten seine Lust. Da etwa die Hälfte seines schriftlichen Nachlasses verloren ist und die Art, wie die Blätter in den Codex Atlanticus eingeklebt wurden, eine Zensur der Herausgeber vermuten läßt, kann das Fehlen zum Beispiel pornographischer Zeichnungen nicht unbedingt als Beweis für Leonardos Sublimierungen genommen werden. Die Anziehung zwischen Mann und Frau hat er sich als einseitiges, eher neugieriges Interesse des Mannes vorgestellt, ein gewiß nicht völlig falsches, aber doch unvollständiges Bild der Heterosexualität: «Der Mann hat den Wunsch zu sehen, ob die Frau der geforderten Ausschweifung nachgibt» (Mazzeri 1990, S. 121).* Mereschkowski hat deshalb vermutet, Leonardo habe «aus purer Neugier» mit einer Frau den Koitus vollzogen. Die anatomischen Zeichnungen Leonardos enthalten mehrere Schnittbilder des Geschlechtsverkehrs, die (im Gegensatz zur tendenziösen Deutung von R. Reitler)** ein weit über seine Zeit hinausragendes sexualphysiologisches Wissen verraten. Man kann sich schlecht vorstellen, daß ein Künstler ohne eigene Erfahrung der sexuellen Funktion (die sich an einer Leiche schließlich nicht studieren läßt) solche Bilder entwerfen kann.

«So wenig Näheres über das geschlechtliche Verhalten des großen Künstlers und Forschers bekannt ist, so darf man sich doch der Wahrscheinlichkeit anvertrauen, daß die Aussagen seiner Zeitgenossen nicht im Gröbsten irregingen. Im Lichte dieser Überlieferungen erscheint er uns als ein Mann, dessen sexuelle Bedürftigkeit und Aktivität außerordentlich herabgesetzt war, als hätte ein höheres Streben ihn über die gemeine animalische Not der Menschen erhoben» (Freud 1910, GW VIII S. 171). Freud nennt die «Zeitgenossen» nicht, auf deren Aussagen er sich stützt. Gibt es sie? Deutet er ledig-

---

✖ «L'omo ha il desiderio d'intendere se la femmina è cedibile alla dimandata lussuria, e intendendo di sì e come ell'ha desiderio dell'omo, elli la richiede e mette in opera il suo desiderio; e intender nol pò se non confessa, e confessando fotte» (Leonardo ed. Marinoni 1952, S. 62). Interessant ist hier, wie Leonardo die narzißtische Qualität des Sexualaktes betont: Der Mann will wissen, ob die Frau seinem Wunsch «nachgiebig ist», durch dieses Begehren (das dem biblischen «Erkennen» verwandt ist) wird er gezwungen, seinen Wunsch zu äußern, und weil er ihn äußert, muß er ihn auch vollziehen. Das ist eine durchaus treffende Beobachtung. Im Sexualverhalten nicht weniger Männer wird die lustvolle Komponente des Sexualakts der narzißtischen (als guter Liebhaber zu gelten, beispielsweise) völlig unterworfen. Jedenfalls scheint es mir nicht sinnvoll, aus einer solchen Äußerung Leonardos

Sexualverdrängung zu erschließen. Es gehörte damals zum Stil aller schriftlichen Äußerungen zur Sexualität, sie als Sünde (lussuria = Wollust) zu kennzeichnen. Zu Leonardos erhaltenen Aufzeichnungen gehören auch 22 unanständige Geschichten (facezie). Beispiel: «Eine Wäscherin hatte wegen der Kälte ganz rote Füße, und ein Priester, der vorbeikam, fragte sie verwundert, woher diese Röte denn käme. Darauf sagte die Frau sogleich, das läge daran, daß sie unten so feurig sei. Darauf legte der Priester die Hand auf jenes Glied, das ihn mehr Mönch als Nonne machte, und näherte sich ihr und bat sie mit süßer und unterwürfiger Stimme, sie möge ihm aus Gefälligkeit diese Kerze anzünden» (Leonardo zit. Marioni 1952, S. 139, übers. W. S.).

✖✖ Internt. Z. f. Psychoanalyse IV, 1916, zit. bei Freud, GW VIII, S. 137

lich die zeitgenössischen Biographien Leonardos (von Paolo Giovio, 1527, Anonimo Gaddiano, 1545, und Giorgio Vasari, 1550)? Wer sich die Mühe macht, dort nachzulesen, findet keinen Hinweis auf Leonardos Sexualität, aber das besagt nichts, denn in den zahlreichen anderen Künstlerbiographien etwa Vasaris ist ebenfalls nie von Sexualität die Rede. Aber es gibt Zeugnisse von Zeitgenossen, die in eine andere Richtung weisen. In seinem «Libro dei sogni», das den «Totengesprächen» des griechischen Schriftstellers und Satirikers Lukian nachempfunden ist, läßt Lomazzo (der Leonardos Erben Francesco Melzi persönlich kannte) Leonardo mit dem Bildhauer Phidias sprechen, wohl dem größten Künstler der klassischen Zeit in Athen. Die beiden kommen auch auf das Thema der Knabenliebe, und Leonardo erinnert sich seufzend an Salaì, den er mehr liebte als die anderen, deren es viele gegeben habe. Phidias fragt Leonardo darauf, ob der Knabe das Spiel gemacht habe, «das den Florentinern so gefällt». Darauf erwidert Leonardo: «Und wie oft!» Er setzt hinzu: «Erinnere dich doch daran, daß er ein sehr schöner Knabe war, vor allem, als er so um die Fünfzehn war» (Mazzeri 1990, S. 283). Melzi war bei seiner ersten Begegnung mit Leonardo ebenfalls 15 Jahre alt. Er stammt aus einem angesehenen Mailänder Adelsgeschlecht.

Exkurs 2: Leonardos Testament

Ein Dokument, das viele Ansichten Freuds (und Mereschkowskis) über Leonardos Ablehnung der kirchlichen Religion widerlegt, ist sein Testament, das er am 23. April 1519, zehn Tage vor seinem Tod, von dem Notar Guillaume Boreau in Cloux aufsetzen ließ. Darin verfügt er, daß nach seinem Tod drei «große» und dreißig «kleine» Messen in drei verschiedenen Kirchen abgehalten werden sollen. Die Kirchen erhalten je zehn Pfund Wachs für Kerzen dafür. Melzi erhält alle Bücher, Instrumente und Akten, die Diener Salaì und de Villanis je die Hälfte des Weinbergs vor den Toren Mailands, den Herzog Ludovico Sforza, genannt il Moro, dem Künstler geschenkt hatte. Die Magd Maturina bekommt ein Kleid aus gutem schwarzen Stoff, mit Pelz gefüttert, und zwei Dukaten. Dem Leichenzug sollen sechzig Bettler mit einer Fackel in der Hand folgen, die Melzi nach seinem Belieben entlohnt; den Bedürftigen des Spitals von Amboise sind sechzig Soldi vermacht. Die Halbbrüder in Florenz, mit denen Leonardo jahrelang um das Erbe Ser Pieros prozessiert hatte, erhalten dieses ebenso zurück wie ein Guthaben von 400 Scudi, die Leonardo in der Bank des Klosters Santa Maria Novella in Florenz hinterlegt hatte. (Entgegen der phantasievollen Schilderung eines weltfernen, verschwenderischen Künstlers durch Mereschkowski konnte Leonardo offensichtlich gut mit Geld umgehen.) Der kleine Strichjunge und Spitzbub Salaì war bei Leonardo geblieben, hatte ihm auf seine Weise treu gedient und wurde dafür belohnt. Er dürfte beim Tod des Malers etwa vierzig Jahre alt gewesen sein. De Villanis wird beim Erbe etwas besser bedacht als Salaì, er erhält neben der Hälfte des Weinbergs in einem Kodizill noch die «zwölf Unzen Wasser», die Leonardo aus dem San-Christoforo-Kanal zustehen, sowie alle Möbel im Haus. Vasaris Erzählung, daß der französische König bei Leonardos Tod anwesend war und das Reuebekenntnis des Malers hörte, allzu viele Werke im Stich gelassen zu haben, ist wohl erfunden (der Hof befand sich an jenem Tag in Saint-Germain-en-Laye, um die Geburt des zweiten Sohnes der Königin zu feiern). Dokumentiert ist Melzis Kummer. In einem Brief an Giuliano di Ser Piero da Vinci informiert er diesen über das Testament und setzt hinzu, Leonardo sei wohl vorbereitet, mit allen Sakramenten versehen, entschlafen. Nie wieder würde die Natur die Kraft haben, einen solchen Menschen hervorzubringen (Mazzeri 1990, S. 356). Leonardo wurde in der Schloßkirche von Amboise beigesetzt. Sein Grab ist verloren. Während der Revolution sind die Metallsärge eingeschmolzen und aus ihnen Kugeln gegossen worden.

Exkurs 3: Der Künstler-Techniker

In einer der Fabeln Leonardos beklagt sich das weiße Papier bei der Tinte, daß sie es beflecke. Daraufhin belehrt die Tinte das Papier, daß es gerade die Zeichen sind, die es kostbar und bewahrenswert machen (Marioni 1952, S. 92). Damit ist ein entscheidender Wandel in der Technik der Renaissance angedeutet, der darin liegt, daß – anders als im Mittelalter und bald durch den Buchdruck ungeheuer verbreitet – die Techniker-Künstler nicht mehr ihre Errungenschaften als Geheimnis bewahren wie in den Bauhütten des Mittelalters, sondern bereit sind, sie zu veröffentlichen. Damit war eine jener Sperrklinken geschaffen, die Leonardo so schön gezeichnet hat. Herbert Maschat hat in seinem Buch über «Leonardo da Vinci und die Technik der Renaissance» (München 1989) vor allem den erst 1965 entdeckten Codex Madrid, zwei Bände unter dem Titel «Tratado de Estatica y Mechanica en Italiano», neu interpretiert. Es ist verblüffend, welche Fülle an experimentellen und praktisch verwertbaren Einsichten Leonardo auf diesem Gebiet erarbeitet hat: Hebemaschinen, Untersuchungen über die Festigkeit von Seilen, Treträder, Flaschenzüge, Kräne, die Entdeckung, daß die Reibung, unabhängig von der Auflagegröße, gewichtsabhängig ist, Kugel- und Kegelrollenlager, Zahnräder, Schrauben, Schnekkengewinde, Studien der Biegebeanspruchung von Federn, Kettengetriebe, Hebelgesetze und so weiter.

Abschließend sagt Maschat einige nachdenkliche Sätze zu

Leonardos Auffassung der Wissenschaft, die sinnlich-empirisches, mathematisch-geometrisches und praktisches Vorgehen unsystematisch, in von Fall zu Fall wechselnden Zusammensetzungen verbunden hat. «Sein analytisches Vorgehen vollzieht sich vor dem Hintergrund einer fließenden Sprache, in der Definitionen nur vereinzelt eine Beschränkung bewirken. Seine Forschungsergebnisse sind Resultate, die in der Anschaulichkeit aufgewachsen sind und deren wirkliche Heimat die Natur in ihrer Ganzheit ist. Wer an Leonardo herangeht, um methodische Sicherheit von ihm zu lernen, der muß enttäuscht werden. Wer jedoch ein vieldimensionales und zusammenhängendes Weltbild erwerben will und für dessen Aneignung und Verarbeitung die entsprechende Geduld aufbringt, für den ist Leonardo da Vinci ein vortreffliches Vorbild»* (Maschat 1989, S. 237). Der Wissenschaftshistoriker Olschki hat Leonardo radikal kritisiert, weil er stets zwischen Theorie und Praxis, zwischen Althergebrachtem und Neuem, zwischen unterschiedlichen Weltanschauungen und Methoden schwankte. «Sein Werk war, von welchem Gesichtspunkte man es auch betrachtet, ein verfehltes Unternehmen, eine in wissenschaftlicher und literarischer Sicht ergebnislose Leistung.»**

Aber auch diese Auffassung, in der die Wissenschaftsgeschichte linear von der sinnlichen Wahrnehmung und dem Streben nach einer universellen Welterfassung zu immer eindeutigeren Formen der Abstraktion, Spezialisierung und mathematischen Formalisierung fortschreiten soll, ist inzwischen veraltet. Wer glaubt noch, daß auf diesem Weg nur Vorteile zu finden sind und keine Schattenseiten? Die mathe-

---

[*] Ich zitiere diese Sätze auch deshalb, weil sie gültig bleiben, wenn an die Stelle von Leonardo Sigmund Freud gesetzt wird.

[**] Leonardo Olschki, Geschichte der neusprachlichen wissenschaftlichen Literatur, Leipzig 1919, Bd. I, S. 412

matische Formalisierung verbessert zwar die Situation in einigen Gebieten, führt aber in anderen zu folgenschweren Illusionen und Verwirrungen.*

Die von den Universalisten und Künstler-Technikern der Renaissance erreichte Integration praktischer und ästhetischer Bedürfnisse vermissen wir heute beispielsweise in der Architektur und im Städtebau schmerzlich genug.

✖ Vgl. auch Paul Feyerabend, Erkenntnis für freie Menschen, Frankfurt 1979

10

Dmitri Mereschkowski

Freuds Plan, sich mit Leonardo intensiver zu beschäftigen und an ihm den Anspruch der Psychoanalyse auf einen Platz in der Biographik zu erweisen, entstand vermutlich während der Lektüre des Leonardo-Romans von Dmitri Mereschkowski. In seiner Antwort auf eine 1906 an Wiener Dichter und Wissenschaftler ergangene Frage nach «zehn Lieblingsbüchern» erscheint die 1903 publizierte deutsche Übersetzung mit dem Untertitel «Ein biographischer Roman aus der Wende des 15. Jahrhunderts» (Worbs 1983, S. 116). Viele Einzelheiten von Freuds Arbeit belegen, wie sehr er Leonardo im Lichte von Mereschkowskis eindringlicher, plakativ die Quellen ausmalender Darstellung sah. Er entnahm wichtige Einzelheiten und die meisten Fehler seiner Arbeit dem Roman: die «Geierphantasie»*, die enge Beziehung zwischen Leonardo und Caterina, die in Mona Lisa wiederauferstandene Mutter. Die Fehlleistung Freuds über die Unterscheidung von Malerei und Bildhauerei läßt sich zumindest in einem ihrer Anstöße ebenfalls auf Mereschkowski zurückführen. Freud hat sich das Buch wahrscheinlich kurz nach dem Erscheinen gekauft und muß es um die Zeit des Entstehens seines Aufsatzes «Über Psychotherapie» (1905) noch frisch im Gedächtnis gehabt haben. Mereschkowski zitiert die Stelle des *Trattato della pittura*, in der Leonardo Malerei und Skulptur vergleicht, auf eigenwillige Weise. Er läßt Leonardo zu seinen Schülern sprechen und verbindet seine Rede doppelt mit Michelangelo: einmal, indem er ihn als imaginären Gegner Leonardos darstellt, zum anderen, indem er Gedanken Michelangelos in die

---

✖ D. Mereschkowski, Leonardo da Vinci, München (Droemer) 1955, S. 388. Auch dort ist ‹nibio› falsch übersetzt.

Rede Leonardos einflicht. Ich stelle hier die wortgetreue Übertragung von Leonardos Aussage zum Vergleich von Malerei und Bildhauerei neben Mereschkowskis Text:

Leonardo (Codex Urbinas)

Zwischen der Malerei und der Bildhauerei finde ich keinen anderen Unterschied, als daß der Bildhauer seine Werke mit größerer körperlicher Anstrengung ausführt als der Maler und der Maler die seinen mit größerer geistiger Anstrengung. Das läßt sich dadurch beweisen, daß der Bildhauer bei der Ausführung seines Werkes seine Arme anstrengen und den Marmor oder irgendeinen anderen Stein, der über die in ihn eingeschlossene Figur hinausragt, wegschlagen muß, was eine rein mechanische Arbeit ist, bei der er häufig sehr ins Schwitzen kommt, sich der Schweiß mit Staub vermischt und in Schmutz verwandelt ... (Chastel 1990, S. 147)

Mereschkowski (übers. E. Boehme)

Der Hauptunterschied zwischen den beiden Künsten besteht darin, daß die Malerei mehr Kräfte des Geistes, die Bildhauerei mehr Kräfte des Körpers erfordert. Die wie ein Kern im rohen, harten Stein eingeschlossene Gestalt befreit der Bildhauer allmählich, indem er sie mit Anspannung aller Körperkräfte, bis zur Erschlaffung mit Hammer und Meißel sich mühend, aus dem Marmor heraushaut; dabei schwitzt er wie ein Tagelöhner, sein Schweiß vermengt sich mit Staub und wird Schmutz ... (Mereschkowski 1955, S. 495)

Es ist unverkennbar, daß Mereschkowski Michelangelos Formulierungen vom «rohen, harten Gestein»[*], in dem die Gestalt «wie ein Kern» eingeschlossen sei, in Leonardos sonst recht genau wiedergegebenen Text eingebaut hat.

Der Roman «Leonardo da Vinci. Die Wiedergeburt der Götter» (1901) ist der mittlere Teil einer Trilogie über Christ und Antichrist. Diese beschreibt die Position eines vorrevolutionären, zwischen Nietzsche und Tolstoi als Identifikationsfiguren schwankenden Intellektuellen, der auf eine radikale Reform des Christentums hinarbeitet. Im «Leonardo» geht es um die Hoffnung, daß die italienische Renaissance ein Mo-

---

[*] Die Formulierung pietra alpestra e dura kehrt in Michelangelos Dichtung beharrlich wieder, vgl. K. Frey, Die Dichtungen des Michelangiolos Buonarroti, Berlin 1897, Nrs. LXXXIV, CIX, 50–92.

dell für die Synthese aus den besten Inhalten der Bibel und des Heidentums geben könne. Der Mensch der Renaissance ist für Mereschkowski ein Vorläufer des «Gottmenschen» – eine moralisch geordnete (und in ihrer Tragik verflachte) Ableitung von Nietzsches Bild des «Übermenschen». Wenn dieser Übermensch sich zu einem neuen Christentum der ästhetischen und sinnlichen Freiheit bekennt, wird die Welt gut werden, er wird lieben können. Leonardo kam zu früh. Die Welt war noch nicht reif für ihn (Rosenthal 1975, S. 102).

Am 14. August 1865 (neun Jahre nach Freud) in Sankt Petersburg geboren, war Dmitri Mereschkowski* das jüngste von neun Kindern. Die Familie gehörte zur privilegierten Oberschicht des zaristischen Rußland. Sein Großvater war von Paul I. geadelt worden und diente ihm als Offizier, sein Vater war ein hoher Beamter. Trotz günstiger äußerer Umstände und problemloser formaler Bildung (Mereschkowski studierte Philologie und Geschichte in Sankt Petersburg und konnte dank eines eigenen Vermögens Europa bereisen) sprechen die autobiographischen Aufzeichnungen und Gedichte für eine unglückliche Kindheit. Einsameit ist der Grundton; wie in vielen Familien mit zahlreichen Geschwistern scheint Konkurrenz und ein tiefes Empfinden von zuwenig Aufmerksamkeit für die einzelnen Kinder das «Totenhaus», «düster wie ein Grab», charakterisiert zu haben (Rosenthal 1975, S. 25).

Der Vater war ein pedantischer Geizkragen, der außer Ärger nie ein Gefühl zeigte. Der junge Dmitri liebte seine Mutter mehr als alle anderen Frauen (nach dem Zeugnis seiner freilich nicht unparteiischen Ehefrau), ein schönes, hilfloses Wesen, das er in seinen Gedichten als leidendes Opfer des Vaters schildert. Sie bettelte ständig um Geld, wurde geschol-

---

✠ Ich stütze mich hauptsächlich auf Bernice Glatzer Rosenthal, Dmitri Sergeevich Merezhkovsky and the Silver Age, The Hague (Nijhoff) 1975

ten, bettelte weiter und bekam ein Almosen – dankbar küßte sie die Hand des Spenders. Einmal gab es eine schreckliche Szene, weil sie Dmitri ein Spielzeugkamel kaufte, ohne das Einverständnis des Vaters einzuholen. In einem langen Gedicht, «Oktaven der Vergangenheit», hat Mereschkowski seine Situation beschrieben:*

DAS KIND:

Nach dem Kaffee erfuhren wir von Nanny,
Daß Mama krank ist, daß sie Migräne hat,
Und die ewige Traurigkeit bedrückte mich wieder,
Drei Tage lag sie zu Bett.

DER VATER:

Er war nicht arm, doch allzu lange
ruinierte er sein Leben für Geld, aus Pflichtgefühl.
Ein Bürokrat von der Kindheit bis zum grauen Haar,
Weltlich praktische Intelligenz, starr, unbiegsam,
Kein Gedanke an Glück. Schweigend trug er
Die ekle Bürde des Lebens ohne ein Lächeln,
Ohne Jugend, ohne Murren, ohne Tränen,
Ohne Wissen um Leidenschaft und um Fehler,
Und das tugendhafte Leben war
Wie Regen und Nebel an öden grauen Fenstern.

DIE EHE:
(Die Mutter starb 1889, als Dmitri 24 Jahre alt war)

Wir sind alle Sünder. Ich will meinen Vater nicht richten.
Aber Schrecken und Abscheu erfüllen mich
Über Familienmarter, Kampf ohne Ende,

⚏ Aus der englischen Übertragung von Rosenthal vom Autor ins Deutsche übersetzt. Quelle: Mereschkowski, Starinnyia oktava, PSS XXIV, Rosenthal 1975, S. 26 f.

Ohne Ruhe, ohne Gnade für den Feind,
Wo nur die Blässe eines demütigen Gesichts
Oder ein unfreiwilliger Seufzer die Folter verraten:
Drinnen – Mord, aber von außen die untadelige Erscheinung
Einer stets gesetzestreuen Ehe.

Man kann Mereschkowskis schon früh erwachtes, heftiges Interesse an einer neuen Religion als Wunsch deuten, mit der geliebten Mutter wieder vereint zu sein:

O Mama, bald will ich wieder zu dir kommen,
Wie ein entkräfteter Schwimmer sich nach festem Boden
    sehnt.
Meine Seele wird eine verwandte Seele umschließen,
In deinen geliebten Zügen will ich endlich finden,
Wenn du alle irdischen Fesseln gelöst hast,
Die göttlichen Züge meiner Herrin, der ewigen Muse.

In Mereschkowskis religionsphilosophischen Gedanken spiegelt sich seine Familie. Gottvater, der alttestamentarische Gott, dessen wesentlichste Eigenschaft der Zorn auf all jene ist, die seine Gebote verletzen, gleicht seinem Vater, während Gottsohn in seiner Suche nach einem neuen Reich voller Liebe und Frieden die Sehnsüchte des Knaben spiegelt. Das dritte Prinzip ist die göttliche Mutter (die «ewige Muse»), welche den Streit zwischen Vater und Sohn überwindet und eine neue, in Liebe gegründete Ordnung schafft. «Die Welt geht zugrunde, weil sie die Mutter vergessen hat. Männer haben die Frauen beherrscht. Krieg ist ein männliches Geschäft, und er kann so nicht aufhören.» * Getreu der byzantinischen Tradition der *hagia sophia* ist die dritte Person in Mereschkowskis

✠ D. Mereschkowski, Taina Trekh, Prag 1925, S. 363, zit. n. Rosenthal 1975, S. 29

Dreifaltigkeit immer eine Frau; Geist ist für ihn weiblich. Wie angesichts solcher Ideale kaum anders zu erwarten, waren Mereschkowskis Beziehungen zu Frauen problembeladen. 1888 hatte er auf einer Reise im Kaukasus Zinaida Hippius kennengelernt und sie im folgenden Jahr geheiratet. Beide waren hartnäckige Individualisten voller neuer Ideen. Sie stritten ständig, forderten völlige Freiheit und versuchten doch, einander zu kontrollieren und zu erziehen. Zinaida war Dichterin, begeistert von den Gedanken einer Frauenemanzipation, die in der international geprägten russischen Intelligenz schon vor der Jahrhundertwende ein wichtiges Thema geworden war. Sie pflegte einen Ruf als «dekadente Madonna», predigte Sinnlichkeit ohne alle Einschränkungen und trug eine Halskette aus den Eheringen ihrer Verehrer, welche sie diesen mit vagen (und in der Regel nicht eingehaltenen) Versprechungen abgenommen hatte. Ihr Donjuanismus hatte eine platonische Qualität; Mereschkowski beklagte sich bei seinen Freunden, daß ihn die nächtelangen Debatten Zinaidas mit ihren Freunden nicht schlafen ließen (Rosenthal 1975, S. 30). Ein frühes Gedicht Mereschkowskis gibt die Situation der jungen Ehe wieder:

Im erschöpfenden Kampf mit dir,
Und zur selben Zeit gequält von Liebe,
Fühle ich nur, meine Geliebte,
Es gibt kein Leben mehr ohne dich.
Mit allen Mitteln von Verrat und Täuschung
Werden wir ein Leben lang miteinander streiten,
Denn jeder will der Tyrann sein,
Keiner der Sklave (übers. n. Rosenthal 1975, S. 30).

Um die Jahrhundertwende, als Mereschkowski seinen Leonardo-Roman schrieb, hatte sich diese Situation verändert,
aber nicht eigentlich beruhigt. Das Paar Dmitri-Zinaida verband ein heftiges Interesse an philosophischen Fragen der
Erotik weit mehr als gelebte Sexualität. Der im «Leonardo»
betonte Abscheu des Malers vor physischer Erotik ist ein
Thema mit starken biographischen Anteilen des Romanciers.
Damals lebten die Mereschkowskis in einer *ménage à trois*
mit Dima Fisof; Gerüchte kursierten, Zinaida sei ein Mann-
weib, Dmitri impotent. Der russische Dichter wurde unter
dem Einfluß Nietzsches zu einem engagierten Kritiker der biblischen Religionen, setzte aber der tragischen Auffassung
der Sinnlichkeit bei Nietzsche eine letztlich christlich inspi-
rierte Hoffnung entgegen, doch noch eine Synthese zu finden. Den Vorwurf gegen das Christentum, die Quelle der
physischen Liebe vergiftet zu haben, greift Mereschkowski
auch in seinem Leonardo-Roman auf (etwa in den Szenen
vom Hexensabbat und in der unglücklichen Liebe Giovanni
Beltraffios zur «weißen Teufelin»). Einer der zentralen Gedanken von «Christ und Antichrist» ist die Heiligsprechung
der Liebe, verbunden mit dem Erleben, daß Spiritualität und
Sinnlichkeit (noch) nicht versöhnt werden können. Die Kirchen müßten endlich erkennen, daß durch Christus *alle*
Liebe heilig ist und nicht (wie in der bürgerlichen Ehe) durch
Normen begrenzt werden darf, sondern nur durch freie Entscheidung.

Die Mereschkowskis unterschieden zwischen legaler und
persönlicher Ehe. – Die erste ist gesellschaftlicher Zwang, die
zweite eine tiefe menschliche Bindung. In ihren autobiographischen Aufzeichnungen beschreibt Zinaida Hippius,
weshalb sie die Dreiecksbeziehung begann. Nur durch das
Hinzukommen eines Dritten kann das «Mysterium des Fleisches» gelöst werden. In der physischen Sexualität geht die

individuelle Einzigartigkeit verloren (das «Mysterium des Einen»). Das entstehende «Mysterium der Zwei» kann sich nicht über die tierische Ebene erheben, erst das Hinzukommen des Dritten heiligt und spiritualisiert die Sexualität, ähnlich wie Christus das Fleisch, welches vor ihm nur Materie war, geheiligt hat. Der Einfall liegt nahe, daß die Mereschkowskis hier einen Teil ihrer persönlichen Probleme metaphysisch legitimierten. Die von Zinaida eingeleitete Dreiecksbeziehung sollte auf einer bewußten Ebene das Mysterium des Fleisches lösen, läßt sich aber auch als unbewußter Versuch deuten, die symbiotische Enge der Bindung zwischen den Mereschkowskis zu lösen, ohne die Ehe aufzugeben. «Ich und Dmitri waren in vieler Hinsicht wie ein Mensch. Soweit wir zwei waren, blieben wir stark, soweit einer, wurden wir schwach. Wir brauchten einen Dritten, der uns teilte, indem er sich mit uns vereinigte.» So gab Zinaida den «geschlossenen Kreis der Askese» auf. Sie war sehr eifersüchtig auf Dmitris Verhältnisse zu anderen Frauen und hoffte, daß in einer nachapokalyptischen Welt die erniedrigende Position der Frau aufgehoben sei und Liebe anders als durch sexuelle Akte ausgedrückt werde.

Wer diese biographischen Hintergründe nicht kennt, wird angesichts der stellenweise philologischen Akribie von Mereschkowskis «Leonardo» auch die Asexualität und christusgleiche Güte des Maler-Helden für historische Realität halten. In Wahrheit drücken diese Züge eine Psychodynamik aus, die in den «Studien über Hysterie» entdeckt worden war: heftige Angst angesichts der eigenen sexuellen Wünsche, hohe moralische Forderungen, Abwehr und gleichzeitig unbewußte Fixierung an die Sexualität. Zinaidas Halskette aus den Eheringen ihrer Verehrer ist ein wundervolles Beispiel für die defensive Verführungskunst einer Frau, welche die gefährliche Sexualität erst in den Männern – möglichst vielen von ihnen – erweckt, um sie dann in ihren Besitz zu bringen, sie zu kontrollieren und dadurch ihrer packenden emotionalen Qualitäten zu berauben. Die Ehe der Mereschkowskis war ein Bündnis der Sexualabwehr, getragen von der Sehnsucht nach einer Zukunft, in der konkrete sexuelle Akte verschwinden und der androgyne Gottmensch das Erbe sowohl des gewöhnlichen wie des Übermenschen im Sinne von Nietzsche antreten würde.

Es gehört zu den Ironien der Geistesgeschichte, daß die Kindheit Leonardos, welche Freud analysiert und in der er so viel von sich selbst gefunden hat, Mereschkowskis Kindheit ist. Der russische Romancier brachte Freud auf den Gedanken, der unehelich geborene Leonardo sei der einzige Trost einer einsamen Mutter gewesen, er sei jede Nacht in ihr Bett gekommen und habe sich im Dunkeln an sie gekuschelt. Von Mereschkowski nimmt Freud auch das Bild der zart und geheimnisvoll lächelnden Mutter, die Leonardos Neugier und Sehnsucht fesselt. Viel mehr als Leonardo eignet sich Mereschkowski als Spiegel, in dem Freud Teile des eigenen Bildes erkennen und analysieren kann. Mereschkowskis Leonardo-Phantasie steht wie ein transparenter Schirm zwischen beiden Männern. Das rätselhafte, unerfüllbare Sehnsucht weckende Lächeln der Mona Lisa ist das Lächeln der Mütter beider Lieblingssöhne. Dem russischen Romancier und dem Psychoanalytiker gemeinsam ist auch die intensive Beschäftigung mit der Bedeutung der Sexualität, verbunden mit eher schwach ausgebildeten erotischen Aktivitäten in der Realität. Von Freud wissen wir, daß er sein Sexualleben ungefähr mit vierzig Jahren für weitgehend beendet hielt. Mereschkowskis *ménage à trois* brachte schon Zeitgenossen zu ironischen Bemerkungen über die Hintergründe seiner Deklamationen über die Heiligkeit des Sexus. Klatschbasen vermuteten, dahinter stecke eher Impotenz als sublime Einsicht. Was die «Heiligkeit» des Sexus oder die vermutete Sinnlichkeit von Jesus betraf, blieben Mereschkowskis Thesen vage. Er konnte sie nicht beweisen und kompensierte diesen Mangel dadurch, daß er sie beschwörend wiederholte und sein eigenes Ideal des *Androgynen* historischen oder mythischen Figuren unterschob, die sich nicht mehr wehren konnten, wie Leonardo, Napoleon, Christus und Osiris. Trotz solcher Schwächen der historischen und literarischen Darstellung bleibt Mereschkowski ein origineller Denker, der viele tiefenpsychologische Einsichten vorwegnimmt. Wie Freud glaubte auch er an eine animalische Schicht in der menschlichen Psyche und war überzeugt, daß die Sexualität kein isoliertes Motiv ist, sondern eine Kraft, welche die ganze Persönlichkeit prägte. Und wie Leonardo und später Freud sprach auch Mereschkowski von einem Todestrieb, der dem einzelnen Leben von Geburt an innewohnt. Freud sah Eros als Gegenspieler des Todestriebes. Mereschkowski macht ihn zu dessen Komplizen. Der *Androgyne* ist unsterblich. Die menschliche Seele, welche die sexuelle Spannung überwindet, wird göttlich und transzendiert eine gesellschaftliche Tradition, die einengende Rollen aufgrund bloß physischer Merkmale auferlegt. Wenn die göttliche Ekstase der Sexualität unerfüllt bleibt, sucht die Seele die satanische Ekstase des Krieges.* Damit meinte Mereschkowski nicht die individuelle Seele, sondern die Kollektivseelen von Nationen, Rassen und Kulturen, ja «die Seele der Menschheit» (Rosenthal 1975, S. 36). Hier nähert er sich Vorstellungen, die später C. G. Jung entwickelte. Es gibt bei ihm zwei Seelen des Menschen, eine Tag- und eine Nachtseele. Okkulte Wissenschaften und Magie zapfen die unbewußten Mächte der Nachtseele an, My-

---

■ Rosenthal 1975, S. 36, verbindet diese These mit Freuds Essay «Das Unbehagen in der Kultur». Näher liegt der Vergleich mit Wilhelm Reichs Arbeiten zur Massenpsychologie des Faschismus.

then und Legenden bewahren ihre Dynamik. Wie Jung sagte Mereschkowski voraus, daß die einseitig rationalistische Haltung der westlichen Zivilisationen zu einer gewalttätigen Eruption führen müsse, in der die verleugneten Kräfte versuchen würden, sich wieder in ihre Rechte einzusetzen.

Und ebenso wie C. G. Jung waren auch die Mereschkowskis fasziniert von den faschistischen und nationalsozialistischen Bewegungen. Die bolschewistische Revolution hatte sie aus ihrer Heimat vertrieben. Sie lebten von 1919 an in Paris und versuchten, auf politischem und kulturellem Gebiet den Widerstand gegen die Macht Lenins und später Stalins zu organisieren. Mit der Geste des Visionärs machte Mereschkowski aus dem Bolschewismus eine säkulare Religion, schrieb ihm messianischen Eifer und Welteroberungsgelüste zu und prophezeite: «Unser Zeitalter wird Zeuge des Kampfes einer großen religiösen Wahrheit mit einer großen religiösen Lüge!» (Rosenthal 1975, S. 216). Er hielt sich für den geistigen Führer der Emigration, sah sich nicht im Exil, sondern auf einer Mission. Zinaida Hippius verfaßte zahlreiche Artikel, gründete Diskussionsgruppen und eine *soirée* am Sonntag.

Anspruch und Wirklichkeit klafften nun immer weiter auseinander. Während ihre häretischen Ansprüche, eine neue Kirche zu gründen, sie von den konservativen Russen in der Emigration trennten, gerieten die Mereschkowskis durch ihren Antibolschewismus in ein reaktionäres Fahrwasser. Hippius veröffentlichte in ihrem «Schwarzbuch», das sie während der Revolution verfaßt hatte, heftige Angriffe nicht nur gegen die Bolschewiki, sondern auch gegen Kadetten und «alle Juden und Jüdinnen». Mereschkowskis Napoleon-Studien zeigen bereits die Neigung, jeden Diktator willkommen zu heißen, der «das heilige Europa vor dem roten Teufel schützt» (Rosenthal 1975, S. 218). So wurde Mussolini als Inkarnation des Erdgeistes gefeiert und der Tatsache symbolische Bedeutung zugesprochen, daß er aus dem Land Roms und der Renaissance kam. Als Mussolini sich jedoch als machthungriger Politiker ohne spirituelle Ideale erwies, suchten die Mereschkowskis Zuflucht bei Hitler. Sie sahen in ihm einen Barbaren, fanden aber Stalins Atheismus noch unheilvoller. 1939 hielt Mereschkowski eine Rundfunkansprache, in der er sagte, Hitler «folge dem christlichen Weg». Zwei Jahre später, 1941, starb er in Biarritz. Er war so arm geworden, daß er sich seit 1935 keine Bücher mehr kaufen konnte.* Ein französischer Verleger stiftete den Grabstein.

In seinen Arbeiten nach dem Leonardo-Roman beschäftigte sich Mereschkowski immer stärker mit religionsphilosophischen Fragen, wobei er kühne historische Spekulationen mit mystischen Visionen verschmolz. Wie Freud (in «Totem und Tabu») oder James Frazer («Der goldene Zweig») beschäftigten ihn die Wurzeln des Glaubens an den getöteten und wiederauferstandenen Gott in den Religionen des Nahen Ostens und in der primitiven Magie. Wie Freud fesselte ihn der ägyptische Pharao Echnaton, der Begründer des Monotheismus. In den ägyptischen und kretischen Wurzeln des Christentums suchte er Hinweise auf die Grundsätze des Glaubens in einer nachapokalyptischen Welt. «Neuere archäologische Entdeckungen, welche die Kulturen des alten Nahen Ostens miteinander verknüpfen, erweisen solide historische Gründe für Mereschkowskis intuitive Suche nach den Vorläufern Jesu Christi», kommentiert Rosenthal (1975, S. 222). «Seine kühne Hypothese, daß sich die mexikanische Zivilisation aus dem Nahen Osten ableiten läßt, hat Thor Heyerdahl überprüft. Moderne Anthropologen und Psycho-

* Die im Leonardo-Roman so eindringlich beschriebene Unfähigkeit des Künstlers, mit Geld umzugehen, paßt weit besser zu Mereschkowski als zu Leonardo, der ein beträchtliches Vermögen hinterließ. (Vgl. S. 109.)

logen beschäftigen sich mit denselben Mythen wie Mereschkowski. Sie suchen jedoch nach rationalem Verständnis. Mereschkowskis Ansatz war so mystisch, daß der Leser selten die Neuartigkeit und Tiefe der Einsichten aufnehmen kann, die zwischen Mythos, Astrologie, Symbolen, Zeichen, Omen, Visionen, Numerologie und Prophetie verstreut sind» (Rosenthal 1975, S. 222).

Diese hermetische Welt war nun ein Zufluchtsort des früher von heftigen emotionalen Krisen gebeutelten Paares.

11

Die Wissenschaft der Analyse und die Kunst der Suggestion

«Freudsche» Fehlleistungen treten auf, wenn eine Äußerung durch unbewußte, konflikthafte Unterströmungen von ihrem ursprünglichen Ziel abgelenkt wird und so, in einer Kompromißbildung, etwas anderes ausdrückt, als vom bewußten Ich intendiert wurde. Ein Beispiel habe ich auf dem ersten Freud-Kongreß in Leipzig miterlebt, im Jahr vor der plötzlichen Auflösung der DDR, als jugendliche Diskutanten den Präsidenten der Tagung bestürmten, doch endlich auch Aussagen zum Schicksal der Psychoanalyse im gegenwärtigen System zu machen und sich nicht auf eine Betrachtung der Verhältnisse im Stalinismus zu beschränken. Der Vorsitzende verwies auf eine Podiumsdiskussion am folgenden Tag. Dort sei die beste Gelegenheit, solche Fragen «abzuwehren». – Er wollte sagen «abzuhandeln». Aber so wurde deutlich, daß ihm dieses Insistieren peinlich war und er um den geregelten Gang der Debatte fürchtete.

Ist auch etwas am Thema der psychoanalytisch-«auflösenden» im Gegensatz zur suggestiv-«zudeckenden» Therapie, was Freud unter Druck setzte?

In der Tat ist die Debatte noch nicht abgeschlossen, ob sich die Psychoanalyse grundsätzlich von einem «suggestiven» Vorgehen unterscheidet. Häufig wird behauptet, daß die Rekonstruktion von Kindheitserlebnissen oder die Deutung von Träumen keine lebensgeschichtliche Wahrheit auffindet. Was Patienten träumen, was sie erinnern, erfüllt absichtliche oder unbewußte Erwartungen ihrer Analytiker (Hemminger 1985, Zimmer 1986, H. J. Eysenck 1953). Prüft man, von solchen Polemiken angeregt, die Aussagen Freuds, so zeigt sich, daß es für ihn keineswegs leicht war, die Grenze zwischen Suggestion und Analyse zu ziehen. Er hat es weniger definitorisch als metaphorisch getan, etwa mit seinem Bild vom «Gold» der Analyse und vom «Kupfer» der Suggestion, aus dem sich von Fall zu Fall brauchbare Legierungen schmelzen lassen. Da die Analyse sich auf die «leise Stimme des Intellekts» («Das Unbehagen in der Kultur») verläßt und nicht, wie die Suggestion, an das Gefühl appelliert, mutet es merkwürdig an, wenn Freud an anderer Stelle feststellt, im Kampf um die Gesundheit des Neurotikers gebe «nicht seine intellektuelle Einsicht – die ist weder stark noch frei genug für solche Leistung –, sondern einzig sein Verhältnis zum Arzt den Ausschlag» (Freud, Vorlesungen, a. a. O., S. 428).

Die Psychoanalyse ist eine Tochter der Aufklärung. Durch die Emanzipation der individuellen Vernunft waren die statischen Systeme der feudalen Welt aufgebrochen. Eine Orientierung am persönlichen Erfolg trat an die Stelle von Stand, Geburt und Glauben. Die Verweltlichung der sakral geordneten Strukturen führte dazu, daß unerwünschtes, auffälliges Verhalten nicht mehr unter dem Gesichtspunkt der Sünde oder Besessenheit gesehen wurde wie im Mittelalter oder in der beginnenden Neuzeit. Die neue, expandierende Wissenschaft der Medizin war jetzt zuständig. Die Forschungen über Hypnose und Suggestion, längere Zeit unter dem Blickwinkel eines «tierischen Magnetismus» vorangetrieben, drücken in dieser physikalischen Metapher die Verweltlichung und den Versuch medizinisch orientierter Forscher aus, die Schwächen und Mängel der nunmehr unter einer individualisierenden Leistungskategorie bewerteten Personen zu erklären und zu behandeln.* In den Beiträgen zur Neuro-

---

* Vgl. F. G. Alexander, S. T. Selesnick, Geschichte der Psychiatrie, Konstanz (Diana) 1969, S. 165 f. P. Sloterdijk hat in seinem Buch «Der Zauberbaum» (Frankfurt, Suhrkamp, 1985) das Thema des animalischen Magnetismus literarisch gestaltet. W. Schmidbauer, vom Umgang mit der Seele. Therapie zwischen Magie und Wissenschaft, München (Nymphenburger) 1998 weist auf die Parallelen der Gedanken Mesmers zu schamanistischen Mythen hin.

logie entdeckte die Aufklärung plötzlich und nicht ohne Widerwillen, daß ihre anscheinend auf die Vernunft gegründete Autorität irrationale Wirkungen hatte, die sich nicht anders erklären ließen als durch einen Wunderglauben an die Wissenschaft. Die französische Akademie untersuchte zum Beispiel Mesmers «Experimente» mit dem tierischen Magnetismus und stellte fest, daß die Wirkungen zwar auftraten, aber an den *Glauben* der Versuchspersonen gebunden waren, das getrunkene Wasser sei «magnetisiert». So schälte sich allmählich die wissenschaftliche Lehre von der «Suggestion» heraus, welche auch Freuds Anfänge, seine Lehrzeit bei Charcot, seinen Besuch bei Bernheim, bestimmt hat. Es ist eine seltsam allgemeine und banale Lehre von der Macht der Einbildung über Körper und Geist, einer Macht, die oft gerade darauf beruht, daß ihr Mechanismus nicht durchschaut wird.

Die Autoren, welche den Weg vom animalischen Magnetismus zur Hypnose und Suggestion wiesen, waren Praktiker, die im nachhinein «wissenschaftliche» Erklärungen suchten. Mesmer ging von einer unsichtbaren Kraft, einem Fluidum aus. Später wurde die Wirkung von Reizen auf das Nervensystem beschrieben. Aber erst Freud entdeckte, daß die emotionale *Beziehung* zwischen dem Hypnotiseur und seinem Medium von ausschlaggebender Bedeutung ist. Nicht jede Einflüsterung wirkt, sondern nur die, welche vom Glauben des Hypnotisierten an die Macht des Hypnotiseurs getragen ist. Ohne diesen Glauben gibt es keine Heilung. Allerdings kann dieser Glaube unbewußt sein, er kann sich hinter einer äußerlichen und oberflächlichen Ablehnung verbergen wie die Liebe des Ritters zum somnambulen «Käthchen von Heilbronn», das in Kleists Komödie so genau weiß, wer ihr Liebster ist. (Kleist hatte die zeitgenössischen Schriften zum «Magnetismus» genau studiert.)

Die von Freud dem Prinzip *per via di porre* zugeordnete

«Suggestivtechnik» kümmert sich nicht «um Herkunft, Kraft und Bedeutung der Krankheitssymptome, sondern legt etwas auf, die Suggestion nämlich, wovon sie erwartet, daß es stark genug sein wird, die pathogene Idee an der Äußerung zu hindern» (Freud 1905, GW V, S. 17). Im Ausdruck von der pathogenen Idee steckt, daß Freud bereits die «Auffassung der hysterischen Symptome als Erfolge einer aus dem Seelischen ins Körperliche versetzten Erregung» (Freud 1905, GW V, S. 13) zugrunde legt, welche er in den «Studien über Hysterie» von 1895 erarbeitet hat. Tatsächlich klagt er in dem hier zitierten Vortrag «Über Psychotherapie», daß zwar sein Erklärungsweg über die Entstehung der Hysterie von vielen anderen Forschern aufgenommen worden sei, seine Behandlungsmethode jedoch nicht ernsthaft studiert, sondern allein vom Hörensagen, auf gut Glück, angewendet werde.

Freud teilte Michelangelos (von Leonardo, Giorgione und anderen Malern bekämpfte) Auffassung, daß die Skulptur eine *höhere* Form der Kunst ist als die Malerei. Wo diese eine Illusion schafft, beseitigt die Skulptur die störende Hülle über der Schönheit, welche wie das platonische Ideal in der verwirrenden Realität steckt. *Per via di levare*, dieser Leonardo unterstellte Ausdruck appelliert an den Gedanken der bürgerlichen Emanzipation, an die Überzeugung Rousseaus, wenn erst alle verderblichen äußeren Einflüsse abgestreift, die Menschen an der Natur und nicht an ihrem (*per via di porre*) selbstgeschaffenen Aberglauben orientiert seien, beginne auch eine große Gesundung und Verbesserung der menschlichen Existenz. Die Skulptur schafft eine höhere, ideale Wirklichkeit, sie ist Wahrheitssuche, während die Malerei dem irdischen Schein, der Täuschung und Illusion verhaftet bleibt. Diese Rousseausche Richtung der frühen Psychoanalyse wird in Freuds Arbeit von 1905 noch recht deutlich. Nachdem er die psychoanalytische Behandlung als

«Nacherziehung zur Überwindung innerer Widerstände» definiert hat (Freud 1905, S. 25), kommt Freud auf die Sexualität zu sprechen, in der eine solche Nacherziehung beziehungsweise Rückgewinnung der natürlichen Einstellung am nötigsten sei: «Nirgends haben ja Kultur und Erziehung so großen Schaden gestiftet wie gerade hier, und hier sind auch, wie Ihnen die Erfahrung zeigen wird, die beherrschbaren Ätiologien der Neurosen zu finden; das andere ätiologische Element, der konstitutionelle Beitrag, ist uns ja als etwas Unabhänderliches gegeben» (Freud 1905, S. 25). Der Psychoanalytiker kann also die ungünstigen Kultureinflüsse *per via di levare* rückgängig machen, aber er vermag es nicht, durch seine Arbeit Gips in Marmor zu verwandeln.

Es gehört zu Freuds «Genie», nicht naiv und selbstverliebt Reklame für eine Sache zu machen. Andrerseits liegt ihm die Psychoanalyse sehr am Herzen. Er will in dem Vortrag «Über Psychotherapie» unbedingt ihre Überlegenheit aufzeigen, ohne aber die ärztlichen Hörer vor den Kopf zu stoßen. «Es gibt viele Arten und Wege der Psychotherapie», sagt er kurz vor dem fiktiven Leonardo-Zitat. «Alle sind gut, die zum Ziel der Heilung führen. Unsere gewöhnliche Tröstung: Es wird schon wieder gut werden!, mit der wir den Kranken gegenüber so freigebig sind, entspricht einer der psychotherapeutischen Methoden *, nur sind wir bei tieferer Einsicht in das Wesen der Neurosen nicht genötigt gewesen, uns auf die Tröstung einzuschränken. Wir haben die Technik der hypnotischen Suggestion, der Psychotherapie durch Ablenkung, durch Übung, durch Hervorrufung zweckdienlicher Affekte entwickelt. Ich verachte keine derselben und würde sie alle unter geeigneten Bedingungen ausüben» (Freud 1905, S. 16).

* Wahrscheinlich bezieht sich Freud hier auf die Schule von Nancy, spezieller auf Liébaults berühmte Formel, die sich der Kranke beschwörend vorhalten soll: «Es geht mir von Tag zu Tag, von Stunde zu Stunde, von Minute zu Minute immer besser und besser!»

Dem kritischen Leser muß freilich auffallen, daß es sich hier um die rhetorische Figur der Captatio benevolentiae handelt, jenen Äußerungen der vorsichtigeren Vertreter von Aufklärung und Wissenschaft vergleichbar, die ihre rücksichtsvolle Treue zu ebenjenen heiligen Traditionen beteuern, die sie durch ihre Weiterarbeit ihrer Fundamente berauben. Denn jedem der eben von der Gleichwertigkeit von Suggestion und Analyse unterrichteten Zuhörer war klar, daß eine kausale, auf einer Theorie der Entstehung neurotischer Symptome beruhende Behandlung wissenschaftlicher, ernster zu nehmen und tauglicher sein muß als eine Behandlung, die sich «nicht um Herkunft, Kraft und Bedeutung der Krankheitssymptome ... kümmert» (Freud 1905, S. 17). Und gewiß wußte Freud, daß seine Hörer dies wußten, vielleicht erkannte er auch die Ungerechtigkeit in dieser Aussage, denn es ist keineswegs selbstverständlich, daß ein von der Hypnose überzeugter Arzt sich nicht für die Herkunft, die Kraft und die Bedeutung der Symptome interessiert. Nur sein therapeutisches Vorgehen ist anders. An anderer Stelle vergleicht Freud die Analyse mit der Chirurgie; während der Hypnotiseur gewissermaßen Eisblase oder Wärmflasche auf die schmerzende Stelle legt, öffnet der Chirurg entschlossen den Abszeß und läßt den Eiter abfließen.

Freuds Fehlleistung spricht für einen «Gegenwillen» in seinen Äußerungen zur Suggestion. Was können wir an Informationen zu diesem Konflikt sammeln? Eine Möglichkeit wäre, daß Freud seinen Widerwillen gegen zudeckende, beschwichtigende, predigende Umgangsformen mit dem neurotisch Kranken verbergen will, den er später – etwa in seinen Polemiken gegen Adler und Jung – weit offenherziger und sarkastischer geäußert hat. Ein anderer Aspekt wäre, daß er, der die Hypnose noch gut aus eigener Erfahrung kannte, wahrscheinlich zeitlebens längst nicht so selbstgewiß wie viele Analytiker nach ihm war, ob die Analyse nicht weit mehr mit der Suggestion zu tun hat, als es die Gegenüberstellung von «auflösenden» und «zudeckenden» Verfahrensweisen vermuten läßt. Die wesentliche Gemeinsamkeit beider ist ja die Macht der persönlichen Beziehung, des «Rapports» (Hypnose) oder der «Übertragung» (Psychoanalyse). Sie, so hat Freud betont, gibt den Ausschlag der Heilung. So liegt der Verdacht nahe, daß Freud unbewußt erkannte, wie *beide* – Suggestion und Analyse – *per via di porre* arbeiten. Aus diesem Grund erweiterte er die Formulierung für die Malerei (*per via ...*) auf die Skulptur (*per forza ...* im michelangelesken Original) und legte beide Aussprüche einem *Maler* in den Mund, während doch der Zusammenhang auf den Bildhauer weist.

Beide Künstler, mit denen sich Freud identifiziert hat, verkörpern den *uomo universale*. Leonardo war – in der Verrocchio-Werkstatt ausgebildet – auch Bildhauer, freilich niemals ein Steinmetz. Michelangelos Gemälde – vor allem in der Sixtinischen Kapelle – sind mindestens so berühmt wie seine Skulpturen; daneben war er ein Dichter von Rang.* Ähnlich unscharf scheint in der praktischen Tätigkeit des Psychoanalytikers die Trennung von Forschung und Therapie, von distanzierter Untersuchung unverständlicher Symptome, Handlungen, Emotionen und Träume einerseits, der Erziehung und Hinlenkung zu neuen, «gesünderen» Erlebnisweisen andrerseits. Der Praktiker erlebt täglich, daß eine von ihm zum Beispiel als Erforschung von Vermeidungen beabsichtigte Deutung von einem Analysanden als Suggestion verstanden wird, diese Vermeidungen einzustellen. («Sie sagen mir schließlich immer, ich sollte endlich konkrete Erfahrungen mit sexuellen Beziehungen sammeln, statt mir im-

---

* Das Bildungsideal des künftigen Analytikers, wie es Freud in seinem Aufsatz zur «Laienanalyse» formuliert, ist ebenfalls am ‹uomo universale› orientiert.

mer nur Angst mit meinen Phantasien zu machen.» – «Natürlich haben Sie nicht gesagt, ich sollte über dieses Thema mit meiner Frau sprechen, aber Sie haben sich so lange dafür interessiert, warum ich es nicht tue, daß ich am Ende doch gar nicht drum herumgekommen bin!») Das Wesen der analytischen Vorgehensweise scheint eher darin zu liegen, grundsätzlich an einer wissenschaftlichen Klärung der Beziehung zwischen Psychologen und Patienten interessiert zu sein, sich für sie bereit zu halten, in ihr die letzte Instanz des eigenen Handelns zu suchen. Eine völlig durchrationalisierte Praxis ist demgegenüber weder möglich noch erwünscht. Der Analysand wünscht sich in der Regel eine persönliche Beziehung und erhält sie auch. Wenn aber dieser Austausch mißlingt, gehört es zum analytischen Dialog, dieser Situation nicht durch eine Wiederholung des bisherigen Vorgehens zu begegnen, sondern durch eine möglichst genaue Untersuchung der Motive (Ursachen, Bedingungen), unter denen die Analyse diesen Verlauf genommen hat.

Wenn die psychoanalytische Arbeit zwar im Alltag nach künstlerischen Prinzipien verläuft, aber ihre Legitimation und ihre Krisenorientierung wissenschaftlich fundiert, läßt sich das mit den unterschiedlichen Positionen von Kunst und Kunstwissenschaft beziehungsweise -kritik vergleichen. Der Künstler wehrt sich in der Regel gegen eine Verwissenschaftlichung seines Tuns und steht den kritischen Bemühungen teils ratlos, teils amüsiert, nicht selten ablehnend gegenüber. «Während der Fahrt ist das Sprechen mit dem Fahrer untersagt», äußerte sich Picasso gegenüber seinem Händler-Interpreten Metzinger (Baxandall 1990, S. 81).

Das Eigentümliche an der Psychoanalyse scheint zu sein, daß der Analytiker Künstler und Kunstkritiker in Personalunion ist, daß er die erste Rolle braucht, um sich auf die jeweils neuartige, kreative Gestaltung einer zwischenmenschlichen Beziehung einzulassen, die zweite, um sich in Krisen zu orientieren, mit seinen Kollegen oder mit anderen Wissenschaftlern zu besprechen, seine Arbeit darzustellen und zu rechtfertigen. Diese Eigentümlichkeit geht weit über das hinaus, was in anderen Disziplinen als Unterschied zwischen Praxis und Reflexion erscheint. Der Analytiker hat in seiner Ausbildung frühe, sehr persönliche Formen der Unterweisung wiederbelebt: die Lehranalyse, die nur in einem engen, die spätere Tätigkeit vorwegnehmenden Verhältnis stattfinden und nicht durch verwissenschaftlichte Formen der Unterweisung ersetzt werden kann.

Wenn unsere Deutung von Freuds Fehlleistung des *per via di levare* den Gedanken enthält, daß beide Formen der Therapie, Suggestion wie Psychoanalyse, ähnlichen Gesetzen gehorchen, daß beide etwas hinzufügen, dann besagt das nicht, daß es keine Unterschiede gibt. Die Suggestion, wie sie von der Schule von Nancy beschrieben und propagiert wurde, hat einen Anflug von Gesundbeterei und ist weit von den Differenzierungsmöglichkeiten der Hypnose entfernt, wie sie Milton Erickson entwickelt hat. In der Psychoanalyse geht das Interesse des Analytikers in eine andere Richtung, stehen ihm andere Befriedigungsmöglichkeiten und Wirkungen offen als in der Hypnose.

Dieser Aspekt der Befriedigung des Helfers gehört zu denen, die in der Regel verschwiegen werden, obwohl die Forschung nahelegt, daß ein gutgelaunter und an seiner Tätigkeit interessierter Therapeut bessere Wirkungen erzielt als einer, der sich gequält die beste aller möglichen Methoden abringt. Man kann die Suggestion im Bernheimschen Sinn mit dem Versuch vergleichen, Risse in einer Mauer hinter einer neuen Tapete verschwinden zu lassen. Aber es läßt sich unschwer auch eine gründliche Sanierung dieser Mauer vorstellen, in der ihre Fundamente bloßgelegt und in vielen geduldigen Schritten jede ausgewaschene Fuge mit neuem Mörtel verschlossen wird.

In der Analyse wissen beide Partner, daß sie durch eine lange, intensive Arbeit miteinander verbunden bleiben werden. Das erschließt auch andere *suggestive* Möglichkeiten als der Gang zum Wunderheiler, der in wenigen Sitzungen mit magischen Gesten und hypnotischem Blick die Symptome zum Verschwinden bringt (oder es wenigstens verspricht). Wenn wir Picassos Warnung – «Während der Fahrt ist das Sprechen mit dem Fahrer untersagt» – wörtlich nehmen, will es uns sogar scheinen, daß die als Suggestion nicht beabsichtigten und nicht erwarteten Einflußnahmen den kritischen Geist eher überzeugen als die plumpe oder raffinierte Beschwörung. Aber vielleicht ist es wichtiger, zu akzeptieren, daß die gegenwärtig in zwei- bis dreistelligen Zahlen geschätzte Vielfalt der «Therapieschulen» ebenso viele unterschiedliche Mischungen von Kunst und Wissenschaft enthält, einen Supermarkt der Heldengestalten und Leitgedanken, aus dessen Angebot jeder – Heiler wie Hilfesuchender – nach seiner Fasson selig werden kann. Der Suggestionsbegriff scheint so vage, daß Freud nicht ohne die Zuhilfenahme einer Verfälschung (nämlich der «Primitivität» und «Tendenz» der Suggestion gegenüber der Differenzierung und Tendenzfreiheit der Analyse) aus diesem schwammigen Gebilde so etwas wie ein Gegenstück zur Psychoanalyse formen konnte. Man könnte in einem fiktiven Streben nach Gerechtigkeit darangehen, nicht die «hohe» Psychoanalyse Freuds der primitiven Suggestion gegenüberzustellen, sondern psychoanalytische Primitivität (die es durchaus gibt) mit den hochdifferenzierten Suggestionsplänen etwa der systemischen Familientherapie zu vergleichen. Ich will es dabei belassen, solche Polemik hat es öfter gegeben, und sonderlich schmackhaft habe ich sie nie gefunden. Als wesentliche Überlegung bleibt, daß es gute und schlechte Kunst ebenso gibt wie gute und schlechte Wissenschaft und daß, wer Aufschluß über den Menschen sucht, von «guten» Beiträgen immer mehr haben wird als von «schlechten». In der Wissenschaft ist es dabei leichter, sich hinter einer größeren Autorität zu verstecken. Als Wilhelm Stekel vom Zwerg auf der Schulter des Riesen sprach, stellte Freud eine Gegenfrage: Ob auch die Laus auf dem Kopf des Astronomen den Lauf der Gestirne genauer erkenne (Jones II, S. 168)?

Die Metapher von der Laus auf dem Kopf des Astronomen ist ein glänzendes Beispiel für Freuds poetische Kunst: seine Fähigkeit, viele Bedeutungen zu einem einprägsamen, unwiderstehlichen Bild zu verdichten. Der eben noch seiner entliehenen Überlegenheit freudig gewisse Rivale findet sich plötzlich in der Position des Parasiten, der im Gestrüpp jeden Überblick, jede Weitsicht eingebüßt hat, während er seine Gier am Blut seines Opfers stillt, ihm ein Stück Lebenskraft raubt, um sein kümmerliches, bedeutungsloses Leben zu fristen. Die dem Genie eigene Größenidee wird in ihrer Äußerung ironisch gebrochen. Zwar ist der Astronom ein Mensch und somit der Laus überlegen. Doch daß er Läuse auf dem Kopf trägt, macht ihn doch verdächtig, er ist nicht gewissenhaft genug, sich vor solchen Blutsaugern zu schützen, und büßt durch ihren Biß die geheime Überhebung.

Hinter dieser Bedeutungsschicht findet sich noch eine andere, für unsere Fragestellung mindestens ebenso fesselnde. Der Zwerg auf der Schulter des Riesen ist eine typische Metapher aus der Geschichte der Wissenschaft. Überall dort, wo es lineare, systematische Fortschritte gibt, in der Mathematik oder in der Chemie, ist jeder neue Forscher tatsächlich in dieser Position. Er baut auf dem gesicherten Wissen früherer Generationen auf und kann so ohne andere eigene Leistungen als das Studium ihrer Schriften am Ende einen sicheren Platz auf dem Fundament der Entdeckungen längst begrabener Genies finden. In der Kunst gibt es eine vergleichbare Möglichkeit nicht. Wer so zeichnen will wie Dürer oder Leonardo, kann das nicht aus Büchern lernen. Kunstwerke sind einmalig. Wer auf ihnen aufbauen will, kann sie sich allenfalls als hohen Maßstab der eigenen Leistung setzen, aber er kann nicht von dem Niveau des Vorbilds ausgehen und es mit geringeren Fähigkeiten wenigstens um einen kleinen Schritt besser machen. Die Metapher vom Zwerg auf der Schulter des Riesen trifft also auf die Nachfolger großer Wissenschaftler zu, die alles Erreichte erhalten und es noch um ein Weniges verbessern. Die Metapher von der Laus auf dem Kopf des Astronomen hingegen paßt genau auf die Epigonen großer Künstler, die parasitär vom Rang ihres Vorbilds zehren, aber unter seinem Niveau bleiben.

Wie ist es nun mit Freud und den Psychoanalytikern nach ihm? Ich nehme an, daß sich auch hier die Zwischenstellung und Doppelexistenz der Psychoanalyse auswirken. Welcher Ausbildungskandidat von heute würde nicht gerne seinen Lehranalytiker gegen Freud tauschen? Wie oft hat der Leser neuerer psychoanalytischer Literatur den Eindruck, daß hier das Niveau der Freudschen Einsicht nicht über-, sondern unterschritten wird? Andrerseits mangelt es auch nicht an Beiträgen, die wirklich über Freud hinausweisen und durchaus den Leser überzeugen, daß hier Leerstellen ausgefüllt, blinde Flecke erhellt werden, etwa in der Theorie der weiblichen Sexualität, der Gruppenpsychologie, der frühkindlichen Entwicklung oder des Narzißmus. Unklar und bisher nicht zu beantworten scheint aber die Frage, ob diese Fortschritte der Wissenschaft tatsächlich die Kunst der Psychoanalyse auf ein höheres Niveau gehoben haben. Unser Phantasieexperiment von dem begehrtesten Lehranalytiker läßt es zumindest zweifelhaft erscheinen.

Während in der Organmedizin der mit dem gegenwärtigen Stand des Wissens ausgerüstete Chirurg oder Internist den genialen Ärzten der Jahrhundertwende doch deutlich überlegen ist, zahlreiche Dinge fertigbringt, die damals unmöglich schienen, kann ich in der Psychoanalyse eine vergleichbare

Sicherheit nicht finden und von mir selbst glauben, bessere Analysen zu machen als Freud, der «Urgroßvater» meines eigenen Lehranalytikers. Ich würde jederzeit zustimmen, daß meine Analysen anders sind, neue Begriffe und damals noch nicht bekannte Wendungen enthalten. Umgekehrt aber fehlen in ihnen gewiß auch Elemente, die damals wesentlich waren, und es scheint mir nicht möglich, ein Urteil zu finden, das einen unabweisbaren Fortschritt belegt.

Manchmal nahm Freud Aufträge an, die eher journalistischen Charakter hatten, etwa den Beitrag «Psychische Behandlung (Seelenbehandlung)» in dem Sammelwerk «Die Gesundheit», das von R. Kossmann in Berlin und Julius Weiss in Wien herausgegeben wurde. Es war eines der damals wie heute beliebten populärmedizinischen Bücher, die von sorgenden Schwiegermüttern dem jungen Ehepaar geschenkt wurden. In dem 27seitigen Text ist nicht von Psychoanalyse die Rede, wohl aber von Suggestion, Hypnose und Somnambulismus, von der Identität der hypnotischen Beeinflussung mit jener durch eine Liebesbeziehung und von den begrenzten Möglichkeiten, hypnotisch erzielte Heilungen im Alltag aufrechtzuerhalten. Interessant im Hinblick auf die Beziehung zwischen Psychotherapie und Kunst ist vor allem Freuds Einleitung:

«Der Laie wird es wohl schwer begreiflich finden, daß krankhafte Störungen des Leibes und der Seele durch ‹bloße› Worte des Arztes beseitigt werden sollen. Er wird meinen, man mute ihm zu, an Zauberei zu glauben. Er hat damit nicht so unrecht; die Worte unserer täglichen Reden sind nichts anderes als abgeblaßter Zauber. Es wird aber notwendig sein, einen weiteren Umweg einzuschlagen, um verständlich zu machen, wie die Wissenschaft es anstellt, dem Worte wenigstens einen Teil seiner früheren Zauberkraft wiederzugeben» (Freud 1905, GW V, S. 2).

Heißt das: die Psychoanalyse verwendet ein wissenschaftliches Modell, um der Kunst verlorene Areale «früherer Zauberkraft» zurückzugewinnen? Durch die expandierenden Möglichkeiten des Buchdrucks, der industriell produzierten Massenware für Leser, waren auch die Worte abgeblaßt und wohlfeil geworden. Goethe hat es so formuliert: «Die Deutschen sollten in einem Zeitraume von dreißig Jahren das Wort Gemüt nicht aussprechen, dann würde nach und nach Gemüt sich wieder erzeugen; jetzt heißt es nur: Nachsicht mit Schwächen, eignen und fremden.»*

Auch Freud war sich dieser merkwürdigen Abnutzung und Entwertung der Sprache bewußt, die ihren magischen Charakter offenbar um so schneller verliert, je häufiger bestimmte Wörter und Sätze auftauchen. Er hat die Sprache und die Worte immer wieder gepriesen und gegen eine Geringschätzung verteidigt, die ihn doch bedrängt und seine *talking cure* entwertet haben muß. In den «Studien über Hysterie» beschäftigt er sich mit der «Zauberei» der Sprache und mit ihren unmittelbaren Wirkungen auf den Körper bei verschiedenen hysterischen Patientinnen. Er zeigt hier seine Fähigkeit, in den «unsinnigen» Symptomen nicht nur einen Sinn zu finden, sondern auch eine Botschaft zu entziffern, die verlorene Möglichkeiten der menschlichen Existenz aufgreift. Indem die Hysterika «den sprachlichen Ausdruck wörtlich nimmt, den ‹Stich ins Herz› oder ‹den Schlag ins Gesicht› bei einer verletzenden Anrede wie eine reale Begebenheit empfindet, übt sie keinen witzigen Mißbrauch, sondern belebt nur die Empfindungen von neuem, denen der sprachliche Ausdruck seine Berechtigung verdankt» (S. Freud 1895, GWI, S. 250).

In diesem Zusammenhang verweist Freud auf Charles

---

* «Über Kunst und Altertum» Band V, Heft 3 (1826); entspricht Aphorismus Nr. 340 (Hecker) in den «Maximen und Reflexionen».

Darwin, dessen Arbeit über den Ausdruck der Gemütsbewegungen bei Mensch und Tier gezeigt habe, wie viele Ausdrucksgesten ursprünglich biologisch sinnvolle Leistungen waren, die nun nur noch Signalzwecken dienen oder gänzlich bedeutungslos geworden sind. Wer beleidigt wird und nun «etwas hinunterschlucken» muß, könnte doch tatsächlich Schlundempfindungen haben. Schließlich weitet Freud den ursprünglichen Gedanken noch aus: Die Hysterie tut nicht nur «recht daran, wenn sie für ihre stärkeren Innervationen den ursprünglichen Wortsinn wiederherstellt». Vielleicht ist es sogar «unrecht zu sagen, sie schaffe sich solche Sensationen durch Symbolisierung; sie hat vielleicht den Sprachgebrauch gar nicht zum Vorbilde genommen, sondern schöpft mit ihm aus gemeinsamer Quelle» (S. Freud 1895, GWI, S. 251).

In den «Vorlesungen zur Einführung in die Psychoanalyse» stellt sich Freud den Zweifeln seiner Hörer am Wort energisch in den Weg. «Die ungebildeten Angehörigen unserer Kranken», sagt er, «denen nur Sichtbares und Greifbares imponiert, am liebsten Handlungen, wie man sie im Kinotheater sieht, versäumen es auch nie, ihre Zweifel zu äußern, wie man ‹durch bloße Reden etwas gegen die Krankheit ausrichten kann›» (S. Freud 1916, S. 43, Studienausgabe Bd. I). Freud verbindet das Sprechen *zu* dem Kranken mit einer gewiß häufigen Erfahrung der Fruchtlosigkeit. Jedem Neurotiker ist schon viel ins Gewissen geredet worden. Er wird dies in der Regel mehr als störend denn als hilfreich empfunden haben. Aber das abschätzige Urteil über das «bloße Reden», die «bloße Einbildung» sei «kurzsinnig und inkonsequent» gedacht, sagt Freud und beginnt eine Lobrede: «Worte waren ursprünglich Zauber, und das Wort hat noch heute viel von seiner alten Zauberkraft bewahrt. Durch Worte kann ein Mensch den anderen selig machen oder zur Verzweiflung treiben, durch Worte überträgt der Lehrer sein Wissen auf die Schüler, durch Worte reißt der Redner die Versammlung der Zuhörer mit sich fort und bestimmt ihre Urteile und Entscheidungen. Worte rufen Affekte hervor und sind das allgemeine Mittel zur Beeinflussung der Menschen untereinander. Wir werden also die Verwendung der Worte in der Psychotherapie nicht geringschätzen» (Freud 1916, a. a. O., S. 43).

Ähnlich, und doch mit einer neuen Nuance, wiederholt Freud diese Argumente in seinem Spätwerk «Die Frage der Laienanalyse», wieder zu Beginn des Textes, im ersten Abschnitt, und wieder, um den Zweifel des «Unparteiischen» – diesmal eines geachteten und gebildeten Gegners – zu zerstreuen. Weiter nichts als Worte? Jeder Kenner der klassischen Literatur muß doch hier an Hamlet denken – «Worte, Worte, Worte!» – oder an die Spottrede Mephistos («Mit Worten läßt sich's trefflich streiten, mit Worten ein System bereiten ...»), «Verse, die kein Deutscher je vergessen wird» (Freud 1926, GW XIV, S. 214).*

Der Unparteiische verdächtigt also den Analytiker der Zauberei – «Sie reden und blasen so seine Leiden weg». Freud erwidert: «Ganz richtig, es wäre Zauberei, wenn es rascher wirken würde. Zum Zauber gehört unbedingt die Schnelligkeit, man möchte sagen: Plötzlichkeit des Erfolges. Aber die analytischen Behandlungen dauern Monate und selbst Jahre, ein so langsamer Zauber verliert den Charakter des Wunderbaren. Wir wollen übrigens das Wort nicht verachten. Es ist doch ein mächtiges Instrument, es ist das Mittel, durch das wir einander unsere Gefühle kundgeben, der Weg, auf den anderen Einfluß zu nehmen. Worte können unsagbar wohltun und fürchterliche Verletzungen zufügen. Gewiß, zu allem Anfang war die Tat, das Wort kam später, es war unter manchen

---

❇ Auch eine der Textstellen, an denen sich Freuds Identifizierung mit der deutschen Bildung erkennen läßt.

Verhältnissen ein kultureller Fortschritt, wenn sich die Tat zum Wort ermäßigte.* Aber das Wort war doch ursprünglich ein Zauber, ein magischer Akt, und es hat noch soviel von seiner alten Kraft bewahrt» (Freud 1926, GW XIV, S. 214).

Eine Reihe von Autoren hat sich mit den künstlerischen Seiten nicht der Psychoanalyse, sondern der Werke Freuds beschäftigt: Literaturhistoriker wie Walter Muschg («Freud als Schriftsteller», 1930, 1975), Walter Schönau («Sigmund Freuds Prosa. Literarische Elemente seines Stils») und Hans Mayer **, aber auch Psychoanalytiker, zuerst Hanns Sachs ***, später unter anderen Kurt Eissler («Talent and Genius: The Fictitious Case of Tausk contra Freud», New York 1970) und nach sehr gründlichen Literaturstudien Patrick J. Mahony («Der Schriftsteller Sigmund Freud», Frankfurt 1989).

Insgesamt scheint sich unter diesen Autoren die Auffassung durchzusetzen, daß Freud – wenn ihn schon manche als Künstler, andere als Wissenschaftler hochschätzen – wahrscheinlich beides war beziehungsweise die Trennung beider Gebiete eben nicht so vorgenommen werden kann, wie es auch Freud selbst in seinen kunstkritischen Äußerungen versucht. «Während Freud von Schönau Größe nur in der Wissenschaft zugebilligt bekommt und ihm von Politzer diese für das sprachliche Kunstwerk zugestanden wird, geht der Literaturhistoriker Hans Mayer, dem ich mich anschließe, über beide hinaus. Mayer weist in seiner Argumentation die Dichotomie Wissenschaftler / Künstler gerade aus theoretischen Gründen zurück: Die Grenze zwischen Dichtung und

---

✖ «Am Anfang war die Tat» ist nicht nur eine Anspielung auf die Übersetzung des Johannes-Evangeliums in Goethes «Faust I», sondern mehr noch eine Erinnerung an ebendieselbe Formulierung in «Totem und Tabu», wo mit der «Tat» jener schicksalhafte Vollzug des Urkomplexes gemeint ist, die Ermordung des Vaters durch die unterdrückte Brüderschar.

✖✖ Psyche 1969, Heft 23, S. 951

✖✖✖ H. Sachs, Sigmund Freud, Meister und Freund, Frankfurt 1982

wissenschaftlichen Texten hat sich zunehmend verwischt, zumindest seit Nietzsche mit Sicherheit, wenn nicht bereits früher» (Mahony 1989, S. 22). Diese Debatte klingt an die unentschiedene Frage an, ob Literaturkritiker nun neue, eigenständige Kunstwerke schaffen (wie es unter anderem die Ästheten der Jahrhundertwende, zum Beispiel Oscar Wilde, annahmen) oder ob sie das ganz andersartige Prestige der Wissenschaft für sich beanspruchen (vgl. Mahony 1989, S. 25, und Worbs 1983, S. 118).

Das Interesse an grundsätzlichen Entscheidungen über die Normierung der Psychoanalyse als «Kunst» oder «Wissenschaft» wird sich rasch erschöpfen. Die spezifischen Qualitäten dieser Zuordnung, ihre Bedeutung, wenn «Kunst» und «Wissenschaft» eher metaphorisch gehandhabt werden, helfen eher zu einem Verständnis der Beiträge Freuds und seiner Nachfolger zum Diskurs der Gegenwart. Wenn die wissenschaftlichen und künstlerischen Bestandteile der Psychoanalyse genauer erkannt und voneinander unterschieden werden können, ist es auch leichter, sie einzuschätzen und sich vor Mißverständnissen oder Pauschalurteilen («szientistisch» oder «unwissenschaftlich») zu bewahren.

Der eigenen Metaphorik in dieser Richtung wohl nicht bewußt, hat Muschg in seinem Essay die Arbeit des von ihm bewunderten Autors in einem Bild geschildert, das ich sehr treffend und zugleich verblüffend eng am Bildhauer *per via di levare* orientiert finde. Muschg geht von Freud aus, der sich in der «Traumdeutung» «besonders beharrlich durch die Schutthalde der Fachliteratur» emporarbeitet. Freud setzt demnach «regelmäßig an irgendeiner scheinbar wenig belangreichen Ecke des Forschungsfeldes an, hebt da eine Ansicht, dort eine zweite auf, wie er sie vorfindet, prüft sie und wendet sich einer dritten zu. Bald hat er eine Menge von ihnen in jeder Hand, wirft etwas fort, um dafür etwas Früheres wieder aufzunehmen, gräbt ein paar weitere Stiche, findet neue Gesichtspunkte und steht mit einemmal mitten in einem ringsum aufgewühlten Gelände, nur noch bis zu den Hüften sichtbar, und schaufelt unaufhaltsam der Tiefe entgegen. Dies mitzuerleben ist ein immer neuer Genuß. Das ist ein Aufreihen und Beiseitestellen von Fundstücken, ein Fallenlassen von wertlos Gewordenem, und schließlich ein Aufräumen, Nachholen, Ergänzen und Abrunden. Da hat er dann an der höflichen Rücksicht auf halbe Wahrheiten kein Interesse mehr, da ist er ganz mit der Entwicklung der eigenen Thesen und mit der Überzeugung des Lesers beschäftigt» (Muschg 1975, S. 30).

Auch Mahony betont Freuds Gabe der Visualisierung in einer Weise, die an Michelangelos Forderung erinnert, der wahre Bildhauer sei in der Lage, in dem rohen Block die Idee zu *sehen*, welche dann sein Meißel aus ihm befreit. Freud war in seinem Schreiben sehr spontan, offen dem Unbewußten gegenüber – über die «Traumdeutung» schrieb er Fließ, er habe bei keinem Kapitel gewußt, wie und wo es enden würde (Mahony 1989, S. 148). In diesem Zusammenhang zitiert Mahony eine Beobachtung von Nunberg: «Über viele Jahre hatte ich Gelegenheit, Freud während der Diskussion anläßlich der Versammlungen der Wiener Gesellschaft zu beobachten. Wenn die Äußerungen eines Redners sein besonderes Interesse fanden, oder wenn er selbst seinen Standpunkt besonders klar ausdrücken wollte, hob er den Kopf und schaute streng und mit äußerster Konzentration auf einen Punkt im Raum, als ob er dort etwas sähe. Diese Eigenart, etwas zu *sehen*, was er dachte, spiegelt sich in seinen Schriften. Sie enthalten viele bildhafte Entsprechungen, auch dann, wenn es sich um hochgradig theoretische Vorstellungen handelte» (Einleitung zu «Protokolle der Wiener Psychoanalytischen Vereinigung», Bd. I, zit. n. Mahony 1989, S. 153).

Hatte Freud die Fähigkeit, seine Argumente zu *sehen*? Er berichtet von seiner Studentenzeit die Gabe des «photographischen Gedächtnisses», das ihn befähigte, eine Buchseite wortgetreu zu reproduzieren, die er nur einmal gelesen hatte. Die Erinnerung an Michelangelos Forderung, in dem unbearbeiteten Marmor die Gestalt *zu sehen*, liegt nahe. Das würde bedeuten, daß Freud in seiner Verknüpfung zwischen dem therapeutischen Prozeß der Psychoanalyse und der Bildhauerei *per via di levare* seinen persönlichen Umgang mit der Gestaltung seiner Gedanken in der Sprache miterfaßt hat.

In diesem Zusammenhang ist Eisslers Feststellung* wichtig, daß Freuds Fähigkeit, die äußere Realität wissenschaftlich zu beobachten und ihre Gesetze zu erkennen, hinter seinen sprachlichen Fähigkeiten erst an *zweiter* Stelle stand. Wie Michelangelo war Freud ein Visionär. Er schrieb weitgehend aus seinem eigenen Unbewußten heraus. Nachträglich wurde durch wissenschaftliche Untersuchungen bekräftigt und verteidigt, was längst schlüssige sprachliche Form angenommen hatte. Hanns Sachs hat Freud mit Shakespeare verglichen, von dem es heißt, er habe nie eine Zeile durchgestrichen. Tatsächlich sind Korrekturen in Freuds Manuskripten sehr selten. Er hat seine Texte vorformuliert und innerlich aufgezeichnet, ehe er sie zu Papier brachte.

Wenn Freud die Plastik höher schätzte als die Malerei, so wiederholt er darin eine Neigung zur Bildhaftigkeit, die ihn viel stärker zum Modellbauer als zum Theoretiker werden läßt. Systematik und Widerspruchsfreiheit, der trockene, Schritt für Schritt aufbauende Diskurs sind seine Sache nicht. Man meint oft zu spüren, wie er um einen Gegenstand *herumgeht*, um ihn von allen Seiten zu betrachten

---

✖ K. Eissler, Talent and Genius, New York 1971, S. 277

und ihm schließlich jene überraschende Perspektive abzugewinnen, die zum nächsten Schritt überleitet. Verglichen mit der Statue ist das Gemälde doch abstrakt, Ergebnis eines viel intensiveren, planmäßigen Prozesses der Umsetzung, der Reduktion des Dreidimensionalen auf die Fläche. In der Bildhauerei ist die magische Mimesis, die Nachahmung, noch weit ursprünglicher erhalten. Die skulptierte Kunst der Primitiven und der Altsteinzeit dankt ihren Ursprung einer Verbindung von praktisch-funktionellen, magischen und ästhetischen Bedürfnissen; was da geschnitzt oder zugehauen wird, ist dem Werkzeug und der Waffe weit näher als das in Mußestunden gemalte Bild. Dieser Werkzeugcharakter der Sprache ist in Freuds Werken doppelt: Zum einen ist das, was er sagt, in der Tat das zentrale Instrument des Psychotherapeuten, das ihm ersetzen muß, was einer für den Laien eindrucksvolleren Medizin Medikamente, Apparate und chirurgisches Arsenal geben. Zum anderen dienen Freud seine Sprachbilder als Übergangsobjekte, als Mittel, zwischen dem Rohmaterial der Phänomene und der angestrebten systematischen Theorie Verbindungen herzustellen.

Undeutlich und umstritten bleibt, ob Freud *wußte*, daß die künstlerische Suche nach immer neuen Formen und Formulierungen für etwas letztlich Unfaßbares das Wesen der Psychoanalyse ausmacht. *Gesucht* hat er eher einen Weg zur widerspruchsfreien, nomothetischen Formulierung. Die analytische Forschung solle schließlich in der Chemie und Physiologie aufgehen, meint er im «Abriß der Psychoanalyse», einem posthum veröffentlichten Werk. Unter den für literarische und philosophische Fragen aufgeschlossenen Psychoanalytikern ist diese Kontroverse unentschieden. Den Autoren, welche den Gebrauch von Metaphern für unentbehrlich, unentrinnbar und produktiv halten, stehen andere gegenüber, die Metaphorik* als «verdinglichend» ansehen und möglichst die gesamte Psychoanalyse in eine «Handlungssprache» übertragen wollen (Schafer 1982). Mahony hat diese Widersprüche ausgiebig diskutiert und festgestellt, daß die «Fensterscheibentheorie» (nach der es eine wissenschaftliche Sprache gibt, die von ihren Inhalten abgelöst werden kann) nicht aufrechtzuerhalten ist (Mahony 1989, S. 125). Mahonys Position, der ich mich anschließe, verbindet den Bilderreichtum und gerade auch die wechselnden und widersprüchlichen Metaphern Freuds mit der wissenschaftlichen Bedeutung seiner Aussagen. «Freud erkennt zwar, daß sein Verfahren kritisiert werden kann, nimmt aber wie ein wahrhafter Künstler das Risiko seiner mimetischen Bemühungen in Kauf, um ‹ein höchst kompliziertes Denkobjekt von verschiedenen Seiten her zu veranschaulichen› (Freud 1895, GW I, S. 295)» (Mahony 1989, S. 127). Hier findet sich wieder die Analogie vom «Denkobjekt» zur Plastik, die ebenfalls von verschiedenen Seiten betrachtet werden muß, um sie zu erfassen.

Walter Muschg beschreibt den Metaphernreichtum als eines der «persönlichsten Kennzeichen des Schriftstellers Freud» (Muschg 1975, S. 38) und rekonstruiert eine stilistische Entwicklung, die zu einem immer selbstbewußteren Gebrauch sprachlicher Bilder führt. Während Vergleiche in den «Studien über Hysterie» eher selten sind und ausdrücklich gerechtfertigt werden («Wir hatten oft die hysterische Symptomatologie mit einer Bilderschrift verglichen, die wir nach Entdeckung einiger bilinguer Fälle zu lesen verstünden. In diesem Alphabet bedeutet Erbrechen Ekel»), verzichtet Freud später auf solche Erklärungen seiner verbalen Bilder und «isoliert das Gleichnis mit kunstvoller Absichtlichkeit.

* Freuds «Metapsychologie» (zum Beispiel «Es», «Über-Ich») ist weitgehend eine Metaphernpsychologie.

Nun nehmen der huschende Vergleich, das selbständig gerundete Gleichnis so verschwenderisch überhand, daß man versucht ist, sie als seine eigentliche, stärkste und überzeugendste Ausdrucksweise hinzustellen» (Muschg 1975, S. 38).

Die in der psychoanalytischen Praxis vertraute Forderung, Deutungen nicht wie fertige, aus einem Lehrbuch entnommene Formeln anzubieten, sondern sie so zu münzen, daß sie zu dem einzelnen Fall möglichst genau und unwiederholbar passen, hat Freud auch für die theoretische Darstellung formuliert und praktiziert. In der «Frage der Laienanalyse» sagt er: «In der Psychologie können wir nur mit Hilfe von Vergleichungen beschreiben. Das ist nichts Besonderes, es ist auch anderwärts so. Aber wir müssen diese Vergleiche auch immer wieder wechseln, keiner hält uns lange genug aus. Wenn ich also das Verhältnis zwischen Ich und Es deutlich machen will, so bitte ich Sie, sich vorzustellen, das Ich sei eine Art Fassade des Es, ein Vordergrund, gleichsam eine äußerliche, eine Rindenschicht desselben» (Freud 1926, GW XIV, S. 222). Auch in diesen Vergleichen steckt nicht nur ein Bekenntnis zur Notwendigkeit künstlerischer Originalität in der Beschreibung des Unbewußten, sondern auch das bildhauerische Prinzip: Es geht um «Schichten», durch die hindurch das «Eigentliche» herausgearbeitet werden muß. «Sie sehen dabei, in welcher Weise wir in der Psychoanalyse mit räumlichen Auffassungen Ernst machen», sagt Freud wenig später. «Das Ich ist uns wirklich das Oberflächliche, das Es das Tiefere, von außen betrachtet natürlich. Das Ich liegt zwischen der Realität und dem Es, dem eigentlich Seelischen» (Freud 1926, GW XIV, S. 223).

13

Die zwei Prinzipien
des schöpferischen Geschehens

Oft erkennen wir einen Entwicklungsschritt, der uns auf den ersten Blick als etwas Hinzugefügtes, Neugewonnenes erscheint – wie die erste zielsichere Bewegung eines Säuglings, das erste artikulierte Wort –, als Folge eines Vorgangs, in dem nicht die «richtige» Form neu erworben, sondern lediglich die zahllosen «falschen» (Bewegungs-)Formen gehemmt werden, welche bisher diese «richtige» Form überlagert und verwirrt haben. Wer einmal eine der «bewußtseinserweiternden» Drogen wie Meskalin, Psilocybin oder LSD eingenommen hat, konnte erleben, wie sehr unsere Wahrnehmung auswählt, hemmt, durch ständige Prozesse des Fortnehmens eine konstante Welt eindeutiger Gestalten schafft, die sich unter dem Einfluß der Chemikalie in verwirrende Bilder von übermenschlich gleißender Pracht auflöst, in Bewegungen des Unbeweglichen, Riesen- und Zwergenhaftigkeiten, welche den Glanz und das Chaos vorsprachlicher Urerfahrungen beweisen.

Wenn die Wahrnehmung eine Vorstufe der menschlichen Vernunft ist, dann scheint auch die Sprache viel mit solchen Prozessen des Fortnehmens und der Hemmung zu tun zu haben. Das gilt nicht nur für den körperlich-physiologischen Erwerb, das Lernen der Artikulationen beim kleinen Kind, in dem eine buntschillernde Vielfalt von Schmatz-, Brumm-, Schnalz- und Zischlauten in den bescheidenen, strengen Baukasten der vorgesprochenen Phonetik umgestaltet wird, sondern auch für die Semantik. Welche Fülle von Farben und Formen, Blattgewisper, anmutiges Schwanken der Zweige verschwindet etwa in dem rasch gedachten Begriff «Baum», der Eiche, Ulme oder Pappel ihrer Besonderheiten beraubt und an ihre Stelle etwas Abstraktes, letztlich Wesenloses setzt. Begriffe entstehen durch einen Prozeß der Abmagerung und Skelettierung, der Beraubung von ablenkenden, die Sinne reizenden Unterschieden.

In dem Wettstreit zwischen Skulptur und Plastik geht es darum, ob das vollkommenere, das «ideale» Kunstwerk durch Fortnehmen oder durch Hinzufügen geschaffen wird. Bereits Michelangelo hat die Parallele zwischen dieser Frage und der Suche nach einem ethischen Grundsatz erkannt. Wird das «höchste Glück der Erdenkinder», wie Goethe die Persönlichkeit nennt, durch Verzicht erreicht, durch das Preisgeben dessen, was sie trübt und beeinträchtigt, oder durch Hinzufügen, Ausrüsten und Erwerben? Sollen wir lassen oder machen? Wird der Mensch gut, wenn er sich von verderblichen Einflüssen freihält und sich selbst sucht, indem er alles Äußerliche und ihm Fremde ablegt? Oder ist er anfangs leer, verworren und wild, kann das Gute nur als Gabe von außen empfangen, wie Michelangelos Adam in der Sixtinischen Kapelle den belebenden Funken vom Schöpfer?

Selbst in unserem Umgang mit der materiellen Kultur beschäftigen uns die Gegensätze von Fortnehmen und Hinzufügen. Der pythagoreische Weise oder der kynische Wanderphilosoph ißt kein Fleisch, trägt kein Leder und keine Wolle, sie wollen keinen Besitz und verschmähen selbst den Becher aus Leder, sobald sie den Hirtenknaben aus der bloßen Hand trinken sehen. Diese Ethik der Askese wehrt sich gegen die allzu verbreitete Gier der Raffer, Geizhälse und Sammler, die nie genug Land, Geld oder Kostbarkeiten jeder Art um sich haben können und leidenschaftlich einer Neuerwerbung nachjagen, obwohl sie denselben Gegenstand bereits in mehreren Ausführungen besitzen und ohnehin nicht mehr als einen aufs Mal benützen können. Solche asketische Übung ist eine andere als die des Bildhauers und Schnitzers, obwohl ihr innerlich verwandt: Es scheint, daß auf dem Weg des *levare* der Künstler die Materie seinem geistigen, unfaßbaren Prinzip unterwirft, während auf dem Weg des *porre* die Materie Macht über ihn gewinnt. Der analytische Geist bevorzugt das Fortnehmen. Hier dienen die Werkzeuge – Meißel, Feile, Schnitzmesser – nur *einem* Zweck, nämlich dem, das Entbehrliche wegzuschaffen, um schließlich nur das Notwendige übrigzulassen, während im synthetischen Vorgehen des Malers oder Plastikers Pinsel oder Spachtel bald verwendet wird, etwas aufzutragen, bald dazu dienet, etwas fortzunehmen, hier Vertiefungen auszuhöhlen, dort Wülste anzufügen.

In der historischen Entwicklung von Ornamenten oder Baustilen läßt sich verfolgen, wie abwechselnd hinzugefügt und wieder fortgenommen wird, wie bald die klare, schlichte, von allem Zierat befreite Linie als ästhetisches Ideal gefeiert wird, bald die Verschönerung und Belebung der zweckmäßigen Form durch möglichst vielfältige Zutaten. Aus der einen Position erscheint die jeweils andere arm oder überladen, primitiv oder kitschig. Ähnlich gibt es in der Literatur Autoren, welche den abgemagerten, kurz-treffenden Stil für den einzig guten halten (*like poking a fire*, pries Kipling das Stilelement des Weglassens), während andere nach kostbaren Wendungen suchen, welche den Leser betäuben und bezaubern.

Die Dialektik der Stile ist vertraut. Abwechslung scheint hier eine Notwendigkeit, welche es den Generationen ermöglicht, sich voneinander zu unterscheiden, separate ästhetische Nischen zu besiedeln. Wenn Michelangelos Gleichnis ernst genommen wird, geht es um mehr: um die Art, wie wir mit unserem Leben und mit dem Entwurf unserer eigenen Person umgehen. Das strenge Bild der Skulptur beeindruckt stärker, wirkt aber unrealistisch. Die menschliche Entwicklung ist durch ein ständiges, dem Aus- und Einatmen vergleichbares Wechseln zwischen *porre* und *levare* charakterisiert. Jedes Prinzip kann für sich allein nicht bestehen. Der Akzent auf *levare* entspricht der Bedeutung des Ausatmens, wie sie in den Anfangsgründen meditativer Übungen gelehrt wird. Unsere Kultur ist geneigt, zu nehmen und festzuhalten, sie pervertiert diese Neigungen (indem sie zuläßt, daß Land oder Wasser durch «Besitzer» verdorben werden) und disponiert die Individuen dazu, sich mit Eigentum so vollzupumpen, daß der Spielraum verlorengeht, dieses zu genießen und sinnvoll zu verwerten. Dem Drachen gleich, ersticken die Reichen an ihren Schätzen.

In einer der ältesten protokünstlerischen Ausdrucksformen preßten die Menschen der Altsteinzeit ihre Hände mit gespreizten Fingern an die Höhlenwand und sprühten aus gespitzten Lippen eine wäßrige Farblösung darauf – *per via di porre*. Dann, *per via di levare*, nahmen sie die Hände fort und betrachteten den Abdruck, das Negativ, Teil und doch nicht Teil ihrer Person, Spur, die bestehenbleibt, auch wenn ihr Urheber zu Staub zerfallen ist.

Hinzufügen, Ansammeln, Erwerben, Appellieren an die triebhaft-emotionale Natur; Wegnehmen, Fortlassen und Verzichten sind eher der Einsicht, dem geistigen Prinzip zugeordnet. Wenn der sinnenfreudige Augenmensch Leonardo die Malerei, der selbstquälerisch ringende, vorwiegend vom Bewegungssinn und der zeichnerisch erfaßten Vision bestimmte Michelangelo die Skulptur preisen, ist selbst in diesen Sublimierungen ein Gegensatz erfaßt, der zum Verständnis beider beiträgt. Leonardo wirkt wie ein *puer aeternus*. Er kann nur körperlich altern, geistig bleibt er immer jung, verhält sich so, als ob unendliche Zeit vor ihm läge, als ob er stets noch mehr ansammeln, erfassen und verstehen könne. Der riesige Nachlaß von vielen tausend eng beschriebenen Seiten wuchert in alle Richtungen; Leonardo will nichts fortlassen, sich nicht konzentrieren. Er häuft Plan auf Plan, bis seine Energie so verdünnt ist, daß er keinen mehr abschließt.

Michelangelo hingegen vollendet seine Werke, formt in hartnäckigem Ringen mit der Sprache seine Gedanken zu Sonetten, erzwingt auch dort wenigstens einen Abschluß, wo er – wie beim Julius-Grabmal – seine ursprüngliche, grandiose Vorstellung nicht verwirklichen kann. Schon früh spricht er vom Tod. Seine Vision einer Bildhauerei, die mit unendlicher Mühe den Schutt in Splittern wegräumt, um etwas entstehen zu lassen, was schon immer da war, verborgen im roh aus dem Schoß der Klippen gebrochenen Marmor, wirkt wie eine Vorbereitung auf das Ende dieses irdischen Lebens, das sich in der Produktion von Schlacken erschöpft.

Der Zwang, zu nehmen, festzuhalten und nicht mehr loszulassen, gegen den Michelangelo das Prinzip seiner grimmigen Mühe setzt, ist durch den zivilisatorischen Fortschritt bedrückender geworden. Freuds Metapher vom Menschen als Prothesengott faßt diese Entwicklung zusammen. Prothesen haben *per via di porre* die lebendigen Glieder und Organe ersetzt. Dem Träger wurde weisgemacht, sie seien weit überlegen. Oft jedoch erweist der Ersatz jene falsche Rücksicht, die der Nachgiebigkeit des Verwöhnenden gleicht, der «lieb» ist nicht aus Liebe, sondern aus Bequemlichkeit oder Schuldgefühl. Als Kind habe ich mir sehnlichst eine Zahnprothese gewünscht, weil ich den Bohrer des Zahnarztes fürchtete; heute bin ich froh, daß meine Mutter diesem Ansinnen widersprach. Wenn wir Menschen des Industriezeitalters, umgeben von persönlichem Komfort, in einer vergifteten Umgebung leben, so deshalb, weil uns eine solche Mutter fehlt. Unsere Kultur ist verwöhnend und nachgiebig, nicht weil sie die Menschen liebt, sondern weil es ihr wichtigster Inhalt geworden ist, Prothesen zu vermarkten. Hohe Prämien winken dem, der bereit ist, seine gewöhnlichen Glieder für den schillernden Ersatz preiszugeben. Was den Stumpf dann schmückt, hat sich unentbehrlich gemacht. Der Verzicht auf die Prothese läßt nicht die ursprüngliche Gestalt wiedererstehen, sondern entlarvt nur deren Verstümmelung.

Michelangelos Streben galt einer möglichst weit gehenden Reinigung der Kunst von allem, was ihre Absicht trübt. Er wollte die schöne Form aus der gewöhnlichen Materie befreien, nicht die verschiedensten Stoffe in seinen Dienst zwingen und zu einem Ganzen zusammenfügen. Wenn Freud Michelangelos Ideal auf den Umgang mit menschlichen Persönlichkeitsstörungen anwenden will und es von der Kunst in die Wissenschaft überträgt, reagiert er (vielleicht durchaus ähnlich wie Michelangelo) auf eine historische Situation, in der die überkommenen Mittel, einen Menschen zu formen, nicht mehr tragfähig sind und veralten. Die Moralpredigt, das Zureden und Zutun, sie fruchten nicht. Klarheit ist gefordert, der Blick durch die Schleier hindurch auf die Ambivalenz, den Konflikt, den tragischen Widerspruch zwischen Trieb und Ideal.

Die michelangeleske Neuerung liegt wohl darin, daß er mit schärferem Bewußtsein als die Künstler vor ihm erkannte, wie sehr es seine eigenen Bilder waren, die er aus dem rohen Block herausschlug. Antike oder mittelalterliche Bildhauer, noch sicher in ihren Traditionen, orientierten sich an einem kulturell vorgegebenen, meist religiös bestimmten Vor-Bild. Michelangelo hingegen ist fast immer bemüht, etwas Einzigartiges, Neues zu schaffen. Hier kündigt sich die Individualisierung der Gesellschaft ebenso an wie in den Forschungen Leonardos, der entschlossen scheint, alles Überlieferte erst einmal durch seine eigenen Augen prüfend zu betrachten.

Freuds Transposition von der Kunst in die Wissenschaft vollzieht eine Bewegung, die sich in der Renaissance bereits andeutet. Da die Vernunft, wie es Descartes in seinem *cogito*, *ergo sum* radikal formulierte, die Quelle der geistigen Macht des Individuums und der Hebel seiner Befreiung aus den überlieferten Bindungen ist, sind die Künstler-Techniker-Dichter-Philosophen der Renaissance auch Vorläufer des Forschers, der es zu seinem Beruf macht, die Erscheinungen nicht nur einzuteilen (wie es bereits Aristoteles tat), sondern ihre gesetzmäßigen Verbindungen zu erhellen (wie es Newton und Galilei beginnen). Das Naturgesetz wird *per via di levare* aus den Erscheinungen gewonnen: Ob ein Blatt fällt oder ein Apfel, beide gehorchen einer Formel.

Doch wird diese reine, nach dem Grundsatz des Wegnehmens abergläubischer Bindungen und ungeprüfter Vorurteile handelnde Wissenschaft bald von ihren eigenen Ausgeburten wieder in Besitz genommen und ihr aufklärender Impuls vom Zugang zur Tat und zur Macht abgeschnitten. Die gegenwärtige Dominanz der Technik über die Wissenschaft, der Maschine über den Geist und der Prothese über den Organismus ist ein tragisches Beispiel für das Gleichnis, nach dem die vertriebenen Gespenster mit zehnfacher Macht in das gereinigte Haus zurückfinden.

Die große Industrie beherrscht heute die Wissenschaft und zwingt sie, Illusionen zu stützen, militärische Machtgier und zukunftsblinde Profitsucht zu rechtfertigen. Die Vernunft wird durch die von ihr ersonnenen Prothesen gelähmt. Ein Apparat, welcher der Gier der Forscher und nicht dem Prinzip ihrer Forschung dient, erstickt die Stimmen der Einsicht. Mehr, mehr, tönt es überall. Papiere und Patente häufen sich. Die nicht mehr befragte Sicherheit, daß es besser ist, immer mehr zu machen und zu erwerben, füllt den Planeten mit Müll, Gift und Entropie. Dagegen gilt es unerschrocken und konsequent den Gedanken Michelangelos zu setzen: *per forza di levare.*

Freuds Vorliebe für das Wegnehmen nimmt den Kern der

aufklärenden Grundsätze wieder auf und prüft aus ihm heraus die Selbstüberschätzungen der Vernunft. In seinem Beharren auf der Analyse, welches die Synthese getrost den
Selbstheilungskräften überläßt, steckt auch der Stolz des
emanzipierten, ungläubigen Juden, der mit Heinrich Heine
den Himmel und das Predigen den Engeln und den Spatzen
überlassen will. Wer dem strengen, alten Gott nicht folgen
mag, wird den lockeren jungen Götzen mit ihren Flitterklei-
dern und Weihrauchopfern erst recht abgeneigt sein. Doch
steckt in der Vorstellung, der Fortgang analytischer Forschung sei mit dem Prozeß der Heilung identisch, ein hohes,
nur dem erreichbares Ideal, dessen Wissensdurst leidenschaftlich ist. Es ist eine Kur für Leonardo oder Tamino, keine
für Papageno:

ERSTER PRIESTER: Mensch! Du hättest verdient, auf immer in
finsteren Klüften der Erde zu wandern. Die gütigen Götter
entlassen dich der Strafe. Dafür aber wirst du das himmlische
Vergnügen der Eingeweihten nie fühlen.

PAPAGENO: Je nun, es gibt ja noch mehr Leute meinesglei-
chen. Mir wäre jetzt ein gutes Glas Wein das himmlichste Vergnügen.

Wenn erst die Mächte der Finsternis, die Blendwerke der
nächtlichen Königin sich im Licht der Wissenssonne auflö-
sen, steht dem Glück der Eingeweihten nichts mehr im Weg.
Freud verspricht kein himmlisches, sondern nur ein billiges
Vergnügen, die Befreiung vom neurotischen Elend, um teil-
zuhaben am allgemeinen Leid. Die Psychoanalyse machte
deutlicher, daß ein Fortschritt nach dem Grundsatz «Still-
stand ist Rückschritt» hohe, bald unbezahlbare Kosten für
das menschliche Gefühls- und Triebleben fordert. Der

Mensch ist nicht gut genug für die Zivilisation – könnte das nicht heißen: Unser bisheriger zivilisatorischer Stil, der so eindeutig *per via di porre* arbeitet, ist unbekömmlich für den Menschen?

Vielleicht steckt ein wichtiger Zusammenhang in Freuds systematischer Erforschung der Regression und dem therapeutischen Grundsatz *per via di levare*. In beidem unterscheidet sich die Psychoanalyse antithetisch von der blinden Progression in den modernen Gesellschaften und ihrer Orientierung an *porre*. Sie stoßen heute an Grenzen, die nur noch verleugnet, aber nicht mehr vergessen werden können. Die Ethik des Verzichts ist die einzig mögliche Ethik der Zukunft, wenn wir eine Zukunft haben. Die Selbstbeschränkung der Vermehrung von Gütern und Menschen hängt mit dem «armen» Stil in der Kunst, mit dem Beharren auf einem Kern, einem Wesentlichen im Menschen zusammen. Das Eigentümliche dieses notwendigen Wandels läßt sich in *levare* besser erfassen als in *porre*.

14

Freud als Archäologe und Kunstsammler

Als Stefan Zweig Freud 1931 in seinem Buch «Die Heilung durch den Geist» porträtierte und ihn zum großen, jedoch verhehlten Mißvergnügen des Entdeckers der Psychoanalyse neben dem Magnetiseur Franz Mesmer und der Gesundbeterin Mary Baker Eddy abhandelte, konnte Freud Zweigs Idealisierungen seiner Korrektheit und Nervengesundheit nicht ohne Widerstand hinnehmen. Er schrieb an den Autor: «Daß einem das eigene Portrait nicht gefällt, oder daß man sich in ihm nicht erkennt, ist eine gemeine und altbekannte Tatsache. Darum eile ich, meiner Befriedigung Ausdruck zu geben, daß Sie das Wichtigste an meinem Fall richtig erkannt haben ... Sonst könnte ich es beanstanden, daß Sie das kleinbürgerlich korrekte Element an mir allzu ausschließlich betonen, der Kerl ist doch etwas komplizierter; zu ihrer Schilderung stimmt nicht, daß ich doch meine Kopfschmerzen und Müdigkeiten gehabt habe, wie ein anderer, daß ich leidenschaftlicher Raucher war (ich wollt, ich wär es noch), der der Zigarre größten Anteil an seiner Selbstbeherrschung und Ausdauer in der Arbeit zugestand, daß ich bei aller gerühmten Anspruchslosigkeit viel Opfer für meine Sammlung griechischer, römischer und ägyptischer Antiquitäten gebracht und eigentlich mehr Archäologie als Psychologie gelesen habe, daß ich bis zum Krieg und einmal nachher wenigstens einmal im Jahr für Tage oder Wochen in Rom sein mußte.»

In der Tat enthüllt die Leidenschaft Freuds für die Archäologie eine Seite seiner Person, ohne die sich die Psychoanalyse vielleicht ganz anders entwickelt, vor allem ihre Bedeutung als Kulturtheorie nie gewonnen hätte. Die neun Jahre, welche der junge Sigmund ein humanistisches Gymnasium besuchte, fast immer Klassenbester, haben ihn nicht weniger gründlich auf sein Lebenswerk vorbereitet als die naturwissenschaftliche Disziplin im Laboratorium Brückes, den er später die größte Autorität nannte, die je auf ihn gewirkt habe. Der historische Anspruch des Gymnasiums und der methodische Anstoß empirischer Forschung verbanden sich in der Psychoanalyse zu jener eigentümlichen Synthese, für die Stefan Zweigs Etikett einer «Heilung durch den Geist» mehr schlecht als recht paßt.

Freud hat seine entscheidenden Entdeckungen erst als Vierzigjähriger gemacht. Jetzt sammeln sich seine verstreuten, seinem eigenen Urteil nach wenig eindeutigen Begabungen zu einer genialen Leistung. Er entdeckt die Ursache der Hysterie, greift die wenig konsequenten und durchdachten Ansätze von Joseph Breuer und Jean Martin Charcot auf, verbindet sie zu einem Ganzen. Diese Leistung stellt er in einer Arbeit aus dem Jahr 1896 «in einem Gleichnisse dar ... welches einen auf anderem Arbeitsgebiete tatsächlich erfolgten Fortschritt zum Inhalt hat». Er fährt fort:

«Nehmen Sie an, ein reisender Forscher käme in eine wenig bekannte Gegend, in welcher ein Trümmerfeld mit Mauerresten, Bruchstücken von Säulen, von Tafeln mit verwischten und unlesbaren Schriftzeichen sein Interesse erweckte. Er kann sich damit begnügen zu beschauen, was frei zutage liegt, dann die in der Nähe hausenden, halbbarbarischen Einwohner ausfragen, was ihnen die Tradition über die Geschichte und Bedeutung jener monumentalen Reste kundgetan hat, ihre Auskünfte aufzeichnen und – weiterreisen. Er kann aber auch anders vorgehen; er kann Hacken, Schaufeln und Spaten mitgebracht haben, die Anwohner für die Arbeit mit diesen Werkzeugen bestimmen, mit ihnen das Trümmerfeld in Angriff nehmen, den Schutt wegschaffen und von den sichtbaren Resten aus das Vergrabene aufdekken. Lohnt der Erfolg seiner Arbeit, so erläutern die Funde sich selbst; die Mauerreste gehören zur Umwallung eines Palastes oder Schatzhauses, aus den Säulentrümmern ergänzt sich ein Tempel, die zahlreich gefundenen, im glücklichen Fall bilinguen Inschriften enthüllen ein Alphabet und eine Sprache, und deren Entzifferung und Übersetzung ergibt ungeahnte Aufschlüsse über die Ereignisse der Vorzeit, zu deren Gedächtnis jene Monumente erbaut worden sind. Saxa loquuntur!»

Wie der Archäologe die Steine, so bringt der Analytiker die neurotischen Symptome zum Sprechen, indem er das Werkzeug seiner Methode den «halbbarbarischen Einwohnern» in die Hand gibt, damit sie in ihrer Erinnerungsarbeit systematisch das Verschüttete und Verdrängte freilegen. Nicht ohne Grund hat Freud das Wort «Tiefenpsychologie» geprägt. Der Reisende, welcher sich allein auf den Augenschein und die Angaben des Bauern verläßt, der zwischen den Ruinen akkert, ist dem Common-sense-Psychologen von einst oder dem Fragebogenforscher der Gegenwart vergleichbar. Dem psychoanalytischen Anspruch genügt nur, wer den Kranken dazu bringt, seine eigene Geschichte möglichst umfassend, systematisch und kritisch zu erkennen. Noch in einer anderen Richtung trägt der Vergleich. Wie es Grabräuber gibt, die allein um einer raschen Beute willen Schaden anrichten, so gibt es auch wilde Analytiker, die ihre Opfer mit haarsträubenden Deutungen bombardieren. Dem Ansehen der Analyse haben die falschen Freunde mehr geschadet als die ehrlichen Gegner.

Begleiten wir einen jungen Archäologen nach Pompeji. Er heißt Norbert Hanold, sein Leben droht auf eine gefährliche Bahn zu geraten, denn er hat sich von allen Kontakten zurückgezogen und lebt nur noch seinen Studien. Seine Kindheitsgeliebte, mit der er bis zu seinem vierzehnten Lebensjahr eng vertraut war, hat er auf einer Gesellschaft nicht wiedererkannt, sehr zu ihrem Kummer. Sie hingegen, einziges Kind eines Wissenschaftlers und seit ihren frühesten Jahren mutterlos, bewahrt ihre Zuneigung zu dem jungen Mann. Hanolds Reise nach Pompeji nun hat einen merkwürdigen Anlaß. Während seiner Arbeiten stieß er auf ein griechisches Relief, das eine junge Frau im Profil darstellt. Sie trägt ein leichtes Gewand, das in vielen Falten ihre graziöse Gestalt umschmeichelt. Besonders fesseln den jungen Forscher die halb angehobenen Füße und die fließende, tänzerische Bewegung. Er nennt die Figur daher «Gradiva», die Schreitende, «das Mädchen mit dem eigentümlichen Gang», vermutet in ihr zunächst eine der Horen, hinter denen Göttinnen der Vegetation oder der mit ihnen verwandten «Gottheiten des befruchtenden Taus» stehen. Später ersinnt Hanold eine lebende Gradiva, die in Pompeji beim Ausbruch des Vesuvs im Jahr 79 nach Christus umgekommen sei. Er trauert um die Tote und verliebt sich in seine eigene Wahnvorstellung so sehr, daß er nach Süditalien reist, um in der erstarrten vulkanischen Asche nach dem Abdruck von Gradivas Füßen zu suchen.

Dort findet Hanold mehr als Fußspuren. Zwischen den Ruinen begegnet ihm eine Frau in einem leichten Sommerkleid, die seiner Gradiva unheimlich ähnlich sieht und dem verwirrten jungen Mann vertraulich entgegentritt. Es ist die Kindheitsgeliebte Zoë – «Leben» –, die ihren Vater auf einer Reise begleitet. Während sie den lebenden Hanold sogleich erkannt hat, sieht er in ihr die wiederauferstandene Tote, begegnet ihr mit einer Mischung aus Faszination und Furcht, nun endgültig den Verstand zu verlieren. Er nennt sie Gradiva, spricht von ihrem Bild, das er im Museum gefunden; sie nennt ihren wirklichen Namen. Hanold, überzeugt, ein Gespenst mit verzweifelter Leidenschaft zu begehren, sieht in diesem Namen einen bitteren Hohn; die Erscheinung aber verabredet sich mit ihm am nächsten Tag um die Mittagszeit und sagt: «Man muß sich in das Unabänderliche fügen, und ich habe mich schon lange daran gewöhnt, tot zu sein.»

Sie nimmt ihren Abschied, nachdem sie die Asphodelos-Blume von ihm erbeten hat: «Solchen, die besser daran sind, gibt man im Frühling Rosen, doch für mich ist die Blume der Vergessenheit aus deiner Hand die richtige.»

In seiner Liebe zu Gradiva-Zoë wird Hanold wieder lebendig; mit diesem Prozeß verknüpft sich die Wandlung der Wahngestalt zu seiner Jugendfreundin, die jetzt endlich über ihre Beziehung aus früheren Zeiten spricht:

«Ich war Luft für dich und du warst ... so langweilig, vertrocknet, und mundfaul wie ein ausgestopfter Kakadu und dabei so großartig wie ein – Archäopteryx heißt das ausgegrabene vorsintflutliche Ungetüm ja wohl. Nur daß dein Kopf eine ebenfalls so großartige Phantasie beherbergte, hier in Pompeji mich auch für etwas Ausgegrabenes und wieder lebendig Gewordenes anzusehen – das hätte ich nicht bei dir vermutet.» Für einen Archäologen ist eben notwendig, daß jemand erst sterben muß, um für ihn lebendig zu werden. Am Ende verzeiht sie dem jungen Forscher, daß er den weiten Umweg über die Altertumswissenschaft ging, um zu ihrer Kinderfreundschaft zurückzufinden. Dieser junge Archäologe aus W. Jensens Erzählung «Gradiva», die Freud 1907 analysierte, ist sicherlich zum Teil eine Identifikationsfigur für den Autor. Vor allem aber benützt er sie, um zu zeigen, daß, ganz unabhängig von der Psychoanalyse, ein Schriftsteller den komplexen Prozeß erahnen mag, durch den Kindheitserinnerungen verdrängt, dann aber durch die Verstärkung des Drucks von «unten», von seiten der sexuellen Triebe, in einer Symptombildung wiederbelebt werden. Auch daß die Heilung durch eine Mischung von Wiedererkennen, Rekonstruktion und – Liebe erfolgt, ist dem Analytiker vertraut; der glückliche Ausgang freilich, daß diese Liebe in einer Hochzeitsreise Erfüllung findet und nicht als Übertragung gedeutet und aufgelöst werden muß, gehört in die Literatur und nicht in den therapeutischen Alltag. Der Psychologe hat mit einem höchst abstrakten und unsinnlichen, andrerseits aber (im Unterschied zu allen anderen Gegenständen der Wissenschaft) ihm selbst aus unmittelbar-innerer Erfahrung vertrauten Bereich der Wirklichkeit zu tun. Antithetisch der Sammler: Ihm genügt es nicht, etwas zu wissen; er muß es haben, bewundernd in der Hand halten, ihm leidenschaftlich nachjagen und von Herzen froh sein über eine erschwingliche, vielleicht gar einmalige Beute.

Freud war ein solcher Sammler; gegen Ende seines Lebens besaß er etwa dreitausend Objekte, vor allem Kleinplastiken und Vasen aus der römischen, griechischen und ägyptischen Antike, dazu Museumskopien oder Abgüsse unerschwinglicher Originale, wie der «Gradiva» (die es in der Tat gibt) oder des «Gefesselten Sklaven» Michelangelos aus dem Louvre.

Während seiner Reisen zu den archäologischen Fundstätten blühte der sonst von rastloser Arbeitswut und heftigen Stimmungsschwankungen geplagte Freud auf, eroberte mit seinem charakteristischen, schnellen Gang die Sehenswürdigkeiten und hielt in den Schaufenstern der Antiquitätenläden Ausschau nach einem Fund. Es war, nach dem schwer übersetzbaren englischen Ausdruck, *busman's holiday.* Die Ferientätigkeit wiederholte, beweglicher und mehr auf der Lust- als auf der Leidseite menschlicher Existenz, die Berufsarbeit. Auch hier ging es darum, zu suchen, zu finden, zu verstehen. Selbst wenn Freud nicht nach Italien fahren konnte, seinem Lieblingsreiseland, veranstaltete er auf Wanderungen mit seinen Familienangehörigen oder Freunden Wettbewerbe im Pilzesuchen. Es wird erzählt, daß er stets als

Sieger hervorging. Hatte er ein besonders schönes Exemplar gefunden, bedeckte er es mit seinem Hut, rief durch einen Pfiff die anderen Sucher herbei und enthüllte dann feierlich das Prachtstück.

Ein Mensch, der sich selbst sucht, kann wie im klassischen Abenteuerroman ausziehen in die Zukunft, sich beweisen im Kampf mit Drachen, endlich die Jungfrau erobern, die Burg in Besitz nehmen. Der psychoanalytische Weg führt in die Vergangenheit; in ihr findet der Held, was er braucht, um die Gegenwart zu bewältigen, und weist alle Illusionen ab, die ihm vorgaukeln, er könne in Erfahrung bringen, was die Zukunft birgt. Freud hat das in seiner Arbeit gegen die Religion, «Die Zukunft einer Illusion», nachdrücklich getan, hat in ihr beide Begriffe verknüpft, als gehe es auch um die Illusion der Zukunft. Er schrieb, er pflege einen intelligenten Menschen daran zu erkennen, daß sich dieser für die Vergangenheit interessiere.

Diese ein wenig dünkelhafte Haltung stammt wahrscheinlich aus dem humanistischen Gymnasium, das doch seinen Stolz daraus nimmt, mit erhabenen, praktisch nur wenig verwertbaren Inhalten junge Menschen auf eine überlegene Position innerhalb der bildungsbürgerlichen Gesellschaft vorzubereiten. Diese Tradition ist bei Freud noch allenthalben zu beobachten; die von seinen heutigen Herausgebern für notwendig gehaltenen Fußnoten, die lateinische oder griechische Zitate übersetzen und zuordnen, schienen ihm jedenfalls entbehrlich. Möglicherweise hängt seine heftige Abneigung gegen die Vereinigten Staaten, die er trotz aller Anerkennung in diesem Land nicht aufgab, auch damit zusammen, daß man dort mit solchen Voraussetzungen nicht rechnen kann. Der Bildungskatalog, den Freud für das Studium der Psychoanalyse entwirft, enthält mehr Mythologie, Religionsgeschichte und Archäologie als Medizin und Philosophie. Aus diesem Grund hielt Freud auch (selbstverständlich «gebildete») Laien für ebenso geeignet, als Psychoanalytiker zu arbeiten, wie die von seinen amerikanischen Anhängern für allein zulässig befundenen Ärzte.

Der Gymnasiast lebt in zwei Welten: seinem Alltag, den man sich bei Freud eher ärmlich und bedrückend vorstellen muß, einerseits; der des Feldherrn, Philosophen und Dichter der Antike andrerseits, deren Sprache und Gedanken er in einer intensiven geistigen Auseinandersetzung erwirbt. Eine Gestalt, mit der sich Freud dabei besonders identifizierte, war der punische Krieger Hannibal, Semit wie er; während Freud seinen Vater wegen dessen unterwürfiger Haltung gegenüber antisemitischen Christen verachtete, hatte Hamilkar Barkas, Hannibals Vater, seinen Sohn schwören lassen, die Niederlage Karthagos an Rom zu rächen. Wie nachhaltig solche Vorbilder wirken (und wie genau die Psychoanalyse ihre Wirkungen verfolgen kann), zeigt eine viele Jahre später gefallene Bemerkung Freuds, er habe kein Gelehrten-, sondern ein Konquistadoren-Temperament, ihm liege vor allem daran, neue Gebiete für die Forschung zu erobern; sie zu kolonisieren, sei er zu ungeduldig.

Nicht ohne den Preis heftiger Schuldgefühle hat sich der heranwachsende Freud in dieser Weise verachtungsvoll über seinen Vater erhoben, diesen kleinen Mann, der die Mütze wortlos aufhob, die ihm ein Christ vom Kopf geschlagen hatte, mit dem Ruf: «Jud', herunter vom Trottoir!» In Freuds späterem Leben traten die Archäologie und die Leidenschaft für Reisen in «seine» antike Welt (denn sie war es, die er in Italien und Griechenland ebenso suchte wie in den Wiener und Salzburger Antiquitätenläden) an die Stelle dieser kindlichen Größenphantasien (hinter denen vielleicht auch der Wunsch steckte, die Mutter-Welt ganz für sich zu haben, sie mit keinem strengen Vater zu teilen). Aber ihnen entgegen wirkte ein latentes, manchmal verwirrend an die Oberfläche tretendes Schuldbewußtsein.

Obwohl er wie fast jeder Mitteleuropäer, der die sonnigen Ufer des Mittelmeers kennenlernt, immer wieder den Impuls verspürte, hierzubleiben und nicht in seine Arbeitsfron nach Wien zurückzukehren, hat sich Freud immer für die Pflicht entschieden und die Schulter wieder unter die schwere Last geschoben. Wie es in christlichen Zeiten der heidnischen Schönheit von Tempeln und Statuen erging, so geschah es auch ihm. Er durfte nicht im archaischen Glück bleiben, er mußte zurück nach Wien, das er zu hassen glaubte, solange er in der Berggasse wohnte. Erst als ihn die Nazis vertrieben, spürte er, wie viel ihm dieses Stück Heimat bedeutete. Die Antike besaß sein Herz, aber Ananke, die unerbittliche Notwendigkeit, trieb ihn aus diesem Paradies, als sei es nie gewesen. Da waren die kleinen Andenken, die Figuren von Göttinnen und Dämonen, gerade recht, um die Erinnerung wachzuhalten. Im August 1904 beschlossen Freud und sein zehn Jahre jüngerer Bruder Alexander, auf vielen Reisen sein Begleiter, für eine Woche von Triest aus mit dem Schiff nach Korfu zu fahren. In der Hafenstadt schlug ein Bekannter Alexanders ihnen vor, doch gleich nach Athen zu reisen; warum sich in Korfu aufhalten? Freud hat die Szene viele Jahre später unter dem Titel «Eine Erinnerungsstörung auf der Akropolis» beschrieben. Die beiden Brüder waren durch den Vorschlag der Athenreise in eine üble Stimmung geraten, besprachen den Plan, als enthalte er nur lästige Schwierigkeiten, vermuteten gar, nicht die geeigneten Reisepässe für Piräus zu haben. Aber als das Lloydbureau öffnete, lösten sie Schiffskarten nach Athen, als sei es die selbstverständlichste Sache der Welt. Später wurde beiden klar, daß sie im Grunde sogleich entschlossen waren, nach Athen zu reisen. Weshalb die schlechte Laune und die vielen Einwände? Es war ein Fall von *too good to be true*, es war zu schön, um wahr zu sein, ein Aberglaube, der oft die Überraschung durch glückliche Nachrichten begleitet.

Freud versucht sich an der Analyse dieser merkwürdigen Reaktion: «Ein solcher Unglaube ist offenbar ein Versuch, ein Stück der Realität abzulehnen, aber es ist etwas daran befremdlich. Wir würden gar nicht erstaunt sein, wenn sich ein solcher Versuch gegen ein Stück Realität richten sollte, das Unlust zu bringen droht. Aber warum ein derartiger Unglaube gegen etwas, was im Gegenteil hohe Lust verspricht? Ein wirklich paradoxes Verhalten! Ich erinnere aber, daß ich bereits früher einmal den ähnlichen Fall jener Personen behandelt habe, die, wie ich es ausdrückte, ‹am Erfolge scheitern›. Sonst erkrankt man in der Regel an der Versagung, der Nichterfüllung eines lebenswichtigen Bedürfnisses oder Wunsches; bei diesen Personen ist es aber umgekehrt, sie erkranken, gehen selbst daran zugrunde, daß ihnen ein überwältigend starker Wunsch erfüllt worden ist.»

Diese Situation ist nicht so widersinnig, wie sie scheint; man muß nur an die Stelle der äußeren eine innere Versagung setzen, ein geheimes Strafbedürfnis, das Glück nicht ertragen kann, sich an Schicksalsschlägen jedoch befriedigt, das sagt: Ich bin dieses Glücks nicht würdig, verdiene es nicht. In solchem Glauben an das Schicksal oder an den Neid der Götter spiegelt sich die strafende Instanz der Kindheit, das Über-Ich, eingerichtet, um die Versuchungen der ödipalen Situation zu bewältigen. Als Freud zur Akropolis hinaufstieg und zwischen die Säulen des Parthenon trat, mischte sich in sein Entzücken ein Gefühl der Entwirklichung, als seien entweder diese traumschönen Ruinen oder er selbst nicht wahrhaftig da. In seiner Analyse dieser Erinnerungsstörung sucht Freud die Situation mit einer Anekdote zu erfassen: Als Napoleon sich in Notre-Dame zum Kaiser krönen ließ, soll er sich an seinen Bruder Joseph gewandt und ihn gefragt haben: «Was würde wohl unser Herr Vater dazu sagen, wenn er jetzt dabeisein könnte?»

«Hier stoßen wir auf die Lösung des kleinen Problems, warum wir uns schon in Triest das Vergnügen an der Reise nach Athen verstört hatten», fährt Freud fort. «Es muß so sein, daß sich an die Befriedigung, es so weit gebracht zu haben, ein Schuldgefühl knüpft; es ist etwas dabei, was unrecht, was von alters her verboten ist. Das hat mit der kindlichen Kritik am Vater zu tun, mit der Geringschätzung, welche die frühkindliche Überschätzung abgelöst hatte. Es sieht aus, als wäre es das Wesentliche am Erfolg, es weiter zu bringen als der Vater, und als wäre es noch immer unerlaubt, den Vater übertreffen zu wollen. Zu dieser allgemein gültigen Motivierung kommt noch für unseren Fall das besondere Moment hinzu, daß in dem Thema Athen und Akropolis an und für sich ein Hinweis auf die Überlegenheit der Söhne enthalten ist. Unser Vater war Kaufmann gewesen, er besaß keine Gymnasialbildung, Athen konnte ihm nicht viel bedeuten. Was uns im Genuß der Reise nach Athen störte, war also eine Regung der Pietät. Und jetzt werden Sie sich nicht mehr verwundern, daß mich die Erinnerung an das Erlebnis auf der Akropolis so oft heimsucht, seitdem ich selbst alt, der Nachsicht bedürftig geworden bin und nicht mehr reisen kann.»

Freuds Interesse für die Antike nahm den gleichen Entwicklungsgang, wie er ihn für die Metamorphosen der Sexualität aufzeigt: Eine Frühblüte wird von den kulturellen Leistungsanforderungen unterdrückt, bestimmt aber aus dem Unbewußten das Schicksal der Triebe des Erwachsenen. Während seiner Gymnasialzeit erfuhr der junge Freud von den ehrwürdigen Stätten in Italien, Sizilien und Griechenland; großartige Vorbilder wie Hannibal, Philosophen wie Platon wirkten auf seinen prägbaren und hungrigen Intellekt.

Der Medizinstudent und der junge Arzt hatten anderes im Sinn; die naturwissenschaftliche Orientierung überformte die frühe «humanistische», generalistische Bildung. Als der vierzigjährige Freud die ersten Schritte zur Entschlüsselung seiner Träume und zur Deutung hysterischer Symptome tat, erwies sich die frühe philologische Schulung als große Hilfe. In der Psychoanalyse wird die Sprache zum chirurgischen Instrument, das therapeutische Operationen ermöglicht – von «Analogien mit Eröffnung einer eitergefüllten Höhle, der Auskratzung einer kariös erkrankten Stelle» spricht Freud. Dabei geht es nicht so sehr darum, Krankhaftes zu entfernen, als bessere Heilungsbedingungen herzustellen. Während Freud in den «Studien über Hysterie» noch solche medizinischen Vergleiche bevorzugt, setzt sich seit der «Traumdeutung» von 1899 die humanistische Bildung auch in den Metaphern durch: Nicht das Rätsel der Sphinx, sondern das Rätsel des Ödipus wird gelöst.

Gleichzeitig gehen Kindheits- und Jugendträume in Erfüllung. Freud wird zum Führer einer «Bewegung», einer verschworenen Gemeinschaft überzeugter Männer und Frauen. Parallel dazu sieht er unter dem südlichen Himmel, eingehüllt in das Schrillen der Zikaden, wovon er aus seinen Schulbüchern hörte: Rom, Pästum, Segesta, Athen. Mit einem von seiner Vertiefung in die seelischen Urzeiten der frühen Kindheit geschärften Blick wandelt Freud zwischen den Zeugnissen der vorchristlichen Welt; umgekehrt stehen die Figurinen aus jahrtausendelang verschütteten Gräbern und Tempeln auf seinem Schreibtisch, bewachen und unterstützen seine Arbeit wie die Hilfsgeister primitiver Schamanen. Die amerikanische Dichterin Hilda Doolittle hat in ihrem Bericht über eine Analyse bei Freud beschrieben, wie er aufstand und anhand seiner Antiken einen Gedanken erläuterte und illustrierte. Einmal zeigte er ihr sein Lieblingsstück, eine Bronzestatuette der Pallas Athena, mit den Worten: «Sie ist vollkommen, aber sie hat ihren Speer verloren.» Läßt sich der anatomische Geschlechtsunterschied, der in Freuds Vorstellungen über die Weiblichkeit eine große Rolle spielte, taktvoller verdeutlichen? Die alten Götter und archäologischen Funde in ihren Regalen waren für Doolittle Verbündete der gemeinsamen Arbeit; «Ich war nicht allein mit dem Professor», der hinter der Couch saß «wie eine alte Eule in einem Baum», während sich die Figuren aus Bronze und Ton in einem Halbkreis auf seinem Schreibtisch versammelten «wie ... im Allerheiligsten ..., jeder das gemeißelte Symbol einer Idee oder eines unvergänglichen Traums.»

15

Der Streit der Künste und die Herrschaft der Rhetorik

Die Rhetorik galt in der griechischen und römischen Antike über lange Zeitperioden hin als zentrale «Technik» in ihrem Ursinn, der Handwerk, Kunst und Wissenschaft verband. Ihre Geschichte ist auch eine Geschichte der Art, wie Wissen erworben und mitgeteilt, wie Beweise angelegt und Überlegungen von Menschen über ihr eigenes Tun geordnet werden können. Aristoteles nennt Empedokles als ersten Anreger einer *téchne rhetoriké*. Dessen Schüler Gorgias brachte die Kunst aus Sizilien nach Athen. Damals entstanden die Dreiteilung der Rede in *prooímion, agón* und *epílogos,* die Unterscheidung von «Erzählung» (*dihégesis*) und «Beweis» (*pístis*) sowie eine Lehre von der «Wahrscheinlichkeit» (*eikós*) als Grundlage der Überredungskunst. Wenn Aristoteles die Rhetorik als *dýnamis* (Fähigkeit, Kraft) definiert, «für jeden Einzelfall das, was glaubhaft gemacht werden kann, ins Auge zu fassen» (= *theoreísthai*, «sich eine Theorie zu machen»), beschreibt er eine unspezifische, aber bedeutungsvolle Protoprofessionalisierung, ein Rüstzeug des (gymnasial) Gebildeten, auf das Freud mit einer Selbstverständlichkeit zurückgreifen konnte, die gegenwärtig den Verfassern von Lehrbüchern über die psychoanalytische Behandlungstechnik nicht mehr geläufig ist.

In seinem unvollendet gebliebenen Werk «Die Antike in Poetik und Kunsttheorie» diskutiert Karl Borinski auch den Streit zwischen Leonardo und Michelangelo. Er weist über die zeitgenössischen Quellen dieser Rivalität der Künste hinaus auf die Einflüsse der antiken Literatur und ihre Umdeutung durch die Künstler der Renaissance. In Albertis Text über die plastischen Künste («Breve compendium de componenda statua») heißt es: «Die einen nämlich, wie z. B. die, welche in Wachs und Ton arbeiten, bringen das angestrebte Werk ebensowohl durch Hinzugeben wie durch Hinwegnehmen zustande; diese werden von den Griechen *plastikes*, von uns Bildner genannt. Andere bringen es nur durch Wegnahme zustande, wie z. B. die, welche durch Abschlagen des Überflüssigen die gesuchte, in einem Marmorblock (potentiell) vorhandene und verborgene menschliche Figur an das Licht fördern. Diese nennen wir Bildhauer ... Eine dritte Gattung bilden die, deren Tätigkeit sich auf das Hinzugeben beschränkt ... Hier dürften nun vielleicht einige meinen, daß auch die Maler hierher gezählt werden müßten und dies deshalb, weil es in deren Gebrauch liegt, Farben nebeneinander zu stellen» (Alberti, zit. n. Borinski 1914, S. 169). Man darf davon ausgehen, daß sowohl Leonardo wie auch Michelangelo diesen Text des großen Theoretikers und Architekten kannten. Alberti urteilt unparteiisch, ihn bindet nicht das leidenschaftliche Interesse Michelangelos noch die kühle Ironie Leonardos über den Bildhauer, der mit so viel mehr Plage soviel weniger erreicht. Borinski zeigt auch, wie Alberti sich auf antike Quellen stützt. Bereits Plinius beschreibt die *plastikes* als Künstler, die sowohl hinzusetzen wie wegnehmen. Quintilian verwendet den Gegensatz von *porre* und *levare* in bezug auf das Material der Rede. Er nimmt den Maler als Vorbild für den Rhetor. Wie bei diesem sind die entscheidenden Wirkungen unkörperlich, geistig. Der Maler *weiß*, daß sein Bild eine glatte Tafel ist, und kann dennoch auf ihr etwas in den Vordergrund bringen oder zurücktreten lassen. Die rhetorische Komposition liege vergleichbar zur Kunsttheorie im «Zusetzen, Wegnehmen und Verändern» (*ratio in adjectione, detractione, mutatione*).

Über die Debatte um den Vorrang der Künste hinaus führt der Gegensatz von «Wegnehmen» und «Hinzufügen» also in die antike Rhetorik, auf ein Gebiet, das der Psychoanalyse vielleicht näher steht als den meisten anderen Wissenschaften. Es wäre möglich, die Traditionen des Talmud, die von einigen Psychoanalysehistorikern in Freuds Arbeiten aufgespürt worden sind, mit den rhetorischen Überlieferungen der Antike zu verknüpfen, welche den Rabbis – wie allen Gebildeten – vertraut waren. Aber noch tiefer in Freuds Argumentation führt der Hinweis auf Dionysios Areopagites. In einer christlichen Wendung der platonischen Theorie identifiziert dieser das wahrhafte Sehen des Gottes jenseits der Erscheinungen mit der Fertigung eines Bildes, bei der die Künstler «alle hinzugetanen Hindernisse, welche dem reinen Anschauen der verborgenen Form im Wege stehen, hinwegnehmen und durch bloße Hinwegnahme die verhüllte Schönheit rein, an sich offenbaren» (zit. n. Borinski 1914, S. 170).

Das «Hinwegnehmen (*aphaíresis*) ist bei dem christlichen Platoniker der erlösende Gegensatz zum Zusetzen des Materiellen, das die Idee verhüllt (*thésis*). Einer ähnlichen Ausdrucksweise bedient sich Dürer in seinem vielzitierten Satz: «Denn wahrhaftig steckt die Kunst in der Natur, wer sie heraus kann reißen, der hat sie» (Borinski 1914, S. 170). In einem seiner Gedichte greift Michelangelo Albertis Gedanken auf, daß in jedem Marmorblock eine vollendete Statue eingeschlossen sei und darauf warte, befreit zu werden. An seine *nobil donna*, Vittoria Colonna, richtet der Bildhauer-Dichter die Vision, sie werde befreien, was in ihm, als schlechtes Tonmodell, der Erlösung harre, nicht anders als er gewohnt sei, aus dem gestaltlosen Marmor durch Geist (*intelletto*) und Hand die künstlerische Idee zu befreien. Das bedeutet nicht weniger, als daß bereits Michelangelo die Analogie zwischen seelischer Befreiung und Skulptur *per via di levare* erfaßt und ausgedrückt hat.

Gegenüber den fortschrittlichen, dynamischen Auffassungen, die Leonardo und (in großem, allegorischem Entwurf) Raffael mit der Malerei verbanden, wirkt Michelangelos Auffassung konservativ und schlicht. Sie verschließt sich den sozialen Neuerungen. Michelangelos Kunst richtet sich darauf, schöne und darum «göttliche» Formen aus der Gewalt einer trügerischen Materie zu befreien, während Leonardo die Wunder des materiellen Reichtums der Natur preist und in den Fähigkeiten des Auges, diese zu erfassen, einen Abglanz der göttlichen Schöpferkraft erkennt. Der Maler ist Herr, Gott und Schöpfer aller sichtbaren Dinge (Leonardo zit. n. Chastel 1990, S. 165). Michelangelos Gestalten wirken introvertiert, düster, entweder ruhend, «schläfrig», oder angespannt erschütternde Leidenschaften zähmend. Leonardo und Raffael hingegen lassen es zu, daß sich ihre Figuren nach außen wenden und heiter oder nachdenklich mit der Welt verschmelzen, die sie umgibt. Malerei ist für Leonardo Beobachtungskunst, Wissenschaft des Sehens. Er mußte die Meinung der Neuplatoniker, daß die innere Vision durch äußere Eindrücke gestört werde, für den Gipfel der Torheit halten. Je mehr Reize ein Werk der Kunst verdichten und zusammenfassen kann, je unmittelbarer es auf einen anderen Menschen wirkt, desto vollkommener ist es.

Die Malerei ist, verglichen mit einem plastischen Werk, abstrakt. Eine Figur, um die der Betrachter herumgehen, die er anfassen kann, ist auch Natur, Materie, Körper, Kind. Sie wird «geboren», ein Bild wird gemalt.

Da die Statue beides ist, noch Natur und schon Kunst, kann sie auch Lehrmeisterin der Malerei sein (wie es Michelangelo in seinem Brief an Varchi sagt: vgl. auch Cellini: «daß die Malerei nichts anderes als der Schatten der Skulptur sei», zit. n. Borinski 1914, S. 168). Und als sinnlich erfaß- und erforschbarer Gegenstand fesselt sie den naiven Betrachter mehr als die Malerei, welche nur dem Gebildeten zugänglich ist. Es bedarf der Übung, um die Feinheiten der Perspektive nicht nur zu malen, sondern auch zu «lesen». So gibt es perspektivische Malerei nur in schriftbesitzenden Kulturen, während die Plastik sich urtümlicher und allgemeiner zur Geltung bringt. Dieses Argument der Verfeinerung und Vergeistigung hätte Leonardo geteilt, aber er kann nicht zu weit gehen im Lob der Abstraktion, denn dann müßte er der Poesie als «sprechender Malerei» einen höheren Rang einräumen als dem stummen Bild. Das tut er mitnichten, er tadelt an der Poesie, daß der «malende» Dichter mit seinen Worten immer nur eine Wirkung erreicht, «als wenn man dir ein schönes Angesicht Stück für Stück zeigen wollte» (Borinski 1914, S. 175).

Es mutet merkwürdig an, daß Leonardo, der so viel mehr Schriften als Skizzen, so viel mehr Skizzen als fertige Bilder hinterlassen hat, sich so verächtlich über die Poesie äußert. Aber es ist, gemessen an seinem Anspruch, konsequent: Die schriftliche Abstraktion, die es so viel schwerer hat, alle Sinne gefangenzunehmen, als das Bild, ist doch unvergleichlich schneller und vielseitiger als die Malerei.* «Wie häufig genug im Leben, so verrät auch hier in der Theorie die scharfe Tonart nur die erst vor kurzem erfolgte Emanzipation», kommentiert Borinski. «Die Kunstlehre ist von Anbeginn eine Schöpfung der Poetik der Renaissance und zwar speziell ihrer Schuldoktrin: der antiken Rhetorik. Nicht nur so nebenbei dankt sie dem Quintilian das antike Muster der Stil- und Künstlergeschichte. Die Behandlung der Sprache, sei es in gebundener oder ungebundener Rede, erschien den Alten

---

✳ Daß Leonardo sich auch als Schriftsteller übte und mit der wiederholten Ausarbeitung seiner Texte beschäftigte, zeigt die Favola 26 aus dem Codex Atlanticus, in der nicht weniger als drei Versionen in verschiedenen Spalten nebeneinander angeordnet sind. Vgl. Leonardo, Scritti Letterari, ed. A. Marinoni, Milano (Rizzoli) 1952, S. 86 f. u. Fußnote.

ganz anders eine Kunst, als man sie sich heute vorzustellen pflegt: als die Kunst an sich. Demgemäß war die Ausbildung darin wesentlich künstlerisch. Sie konnte so zum Prototyp der künstlerischen Erziehung überhaupt werden. Die enge Fühlung mit der Musik auf der einen Seite – durch die höchst gesteigerte Empfindung für Klang und Rhythmus in den von Natur kunstvoll harmonischen antiken Sprachen – mit der mimischen Kunst auf der anderen Seite inmitten eines natürlich und nicht bloß zu schauspielerischen Zwecken ausdrucksvollen und ausdrucksfreudigen Menschentums: beides machte die antike Kunst des Wortes zur natürlichen Lehrerin der beiden Grundforderungen des bildnerischen Stiles, der Komposition und der Charakterisierung. Diese Ausdrücke selbst, die uns heute mit der tönenden und bildenden Kunst verwachsen scheinen, entstammen der Kunst des Wortes» (Borinski 1914, S. 176 f.).

Die Rhetorik in diesem Sinn ist Ahnherrin sowohl der Kunsttheorie wie der Suggestion und der psychoanalytischen Aufklärungs- und Überzeugungsarbeit. Wenn Freud eine Metapher aus der Disputation über den Vorrang einer Kunst über die andere benützt, um den Vorrang seiner eigenen rhetorischen Methode zu erläutern, dann bleibt er sozusagen unter dem einen Dach und geht nur von einem Stockwerk in ein tiefer liegendes.

Abraham, H. C., Freud, E. L. (Hg.), Sigmund Freud – Karl Abraham, Briefe 1907–1926, Frankfurt (Fischer) 1980

Alexander, F. G., Selesnick, S. T., Geschichte der Psychiatrie, Konstanz (Diana) 1969

Brockhaus, G., Geheimrat Sauerbruch – Aus dem Leben eines großen Arztes, in: H. Bollinger u. Mitarb. (Hg.), Medizinerwelten. Die Deformation des Arztes als berufliche Qualifikation, München (Zeitzeichen-Verlag) 1981, S. 89 f.

Bakan, D., Sigmund Freud in the Jewish Mystical Tradition, New York (Van Nostrand) 1958

Barnes, J., A History of the World in 10 $^1/_2$ Chapters, London 1989, Übers. v. G. Krueger, Zürich (Haffmans) 1990

Bernays, Anna Freud, My Brother, Sigmund Freud, in: American Mercury Vol. LI (Nov. 1940), S. 335–342

Bernfeld, S., Bernfeld, S. C., Freuds First Year in Practice, in: Bulletin of the Menninger Clinic, Vol. XVI (No. 2), März 1952, S. 37–49

Bernfeld, Suzanne, C., Freud and Archaeology, in: American Imago Vol. VIII (1951), S. 107–128

Binswanger, L., Erinnerungen an Freud, Bern (Francke) 1956

Börne, L., «Die Kunst, in drei Tagen ein Original-Schriftsteller zu werden» (1823), in: Ges. Schriften Bd. I, Wien (Zendeler) 1868

Clark, R. W., Sigmund Freud, Frankfurt (Fischer) 1981

Dempsey, Peter J. R., Freud, Psychoanalysis, Catholizism, Cork (Mercier Press) 1956

Duerr, H. P. (Hg.), Der Wissenschaftler und das Irrationale, 2 Bde., Frankfurt (Syndikat) 1981

Eissler, K. R., Leonardo da Vinci: Psychoanalytic Notes on the Enigma, New York (Internat. Univ. Press) 1961

Ders.: Talent and Genius: The Fictitious Case of Tausk contra Freud, New York (Quadrangle) 1971

Ders.: Goethe. Eine psychoanalytische Studie, Bd. I u. II, Frankfurt (Syndikat) 1985

Ellenberger, H. F., The Discovery of the Unconscious, New York (Basic Books) 1970

Ellis, H., The World of Dreams, London (Constable) 1911

Engelmann, E., Berggasse 19: Sigmund Freud's Home and Office, Vienna 1938 (Fotografien mit einer Einführung von P. Gay), New York (Basic Books) 1976

Freud, Ernst L. (Hg.), Sigmund Freud – Arnold Zweig, Briefwechsel, Frankfurt (S. Fischer) 1968

Ders. u. L. Freud (Hg.), Sigmund Freud: Briefe 1873–1939, Frankfurt (Fischer) 1968

Ders., Lucie Freud, Ilse Grubrich-Simitis (Hg.), Sigmund Freud, Sein Leben in Bildern und Texten, Frankfurt (Suhrkamp) 1977

Freud, S., Gesammelte Werke in 18 Bänden, herausgegeben von M. Bonaparte, A. Freud, E. Bibring, W. Hoffer, E. Kris und O. Isakower, urspr. Imago Publishing Co., London, seit 1960 S. Fischer-Verlag, Frankfurt / Main.

Im Text zitierte Bände:

I: Studien über Hysterie, Frühe Schriften zur Neurosenlehre

II / III: Die Traumdeutung / Über den Traum.

IV: Zur Psychopathologie des Alltagslebens

V: Werke aus den Jahren 1904–1905

VIII: Werke aus den Jahren 1909–1913 («Leonardo»)

IX: Totem und Tabu

X: Werke aus den Jahren 1913–1917 («Michelangelo»)

XI: Vorlesungen zur Einführung in die Psychoanalyse

XII: Werke aus den Jahren 1917–1920

XIV: Werke aus den Jahren 1925–1931 («Laienanalyse»)

XVI: Werke aus den Jahren 1932–1939 («Moses»)

XVII: Schriften aus dem Nachlaß

Sigmund Freud / C. G. Jung, Briefwechsel, ed. McGuire, W., Sauerländer, W., Frankfurt (Fischer) 1974

Sigmund Freud, Briefe an Wilhelm Fließ, G. M. Masson (Hg.), Frankfurt (Fischer) 1986

Gardiner, M. (Hg.), Der Wolfsmann vom Wolfsmann, mit der Krankengeschichte des Wolfsmannes von Sigmund Freud, dem Nachtrag von Ruth Mack Brunswick und einem Vorwort von Anna Freud, Frankfurt (S. Fischer) 1972

Hemminger, H. J., Wenn Therapien schaden, Reinbek (Rowohlt) 1985

Hoffmann, F. J., Freudianism and the Literary Mind, Baton Rouge (Louisiana State Univ. Press) 1945

Illich, I., Die Nemesis der Medizin, Reinbek (Rowohlt) 1977

Ders., Selbstbegrenzung. Eine politische Kritik der Technik.

Jones, E., Sigmund Freud, Leben und Werk, 3 Bde., Bern (Huber) 1978

Krüll, M., Freuds Absage an die Verführungstheorie im Lichte seiner eigenen Familiendynamik, in: Familiendynamik, 1978, S. 102–129

Dies.: Freud und sein Vater, München (Beck) 1979

Mann, Th., Dr. Faustus. Roman, Frankfurt (Fischer) 1948 f.

Mann, Th., Joseph und seine Brüder, Frankfurt (Fischer) 1950

Mann, Th., Die Bekenntnisse des Hochstaplers Felix Krull, Frankfurt (Fischer) 1960

Masson, G. M., Was hat man dir, du armes Kind, getan? Freuds Preisgabe der Verführungstheorie, Reinbek (Rowohlt) 1987

Mahony, P. J., Der Schriftsteller Sigmund Freud, Frankfurt (Suhrkamp) 1989

Muschg, W., Freud als Schriftsteller, 1930, München (Kindler) 1975

Praz, Mario: Liebe, Tod und Teufel. Die schwarze Romantik, München (Hanser) 1963

Patai, R., Graves, R., Hebrew Myths, London 1963, deutsch: Hebräische Mythologie, Reinbek (Rowohlt) 1983

Rehm, W., Der Dichter und die neue Einsamkeit, Aufsätze zur Literatur um 1900, Göttingen 1969

Rosenfeld, E. M., Dream and Vision. Some Remarks on Freud's Egyptian Bird Dream, in: Internat. J. of Psychoanalysis, 37, 1956, S. 97–105. Deutsch in Scheidt, J. v. (Hg.), Der unbekannte Freud. Neue Interpretationen seiner Träume, München (Kindler) 1974

Spector, J. J., Freud und die Ästhetik, Psychoanalyse, Literatur und Kunst, München (Kindler) 1972

Schur, M., Sigmund Freud, Leben und Sterben, Frankfurt (Suhrkamp) 1973

Schusdek, A., Freud's Seduction Theory: A Reconstruction, in: Journal of the History of the Behavioral Sciences Vol. II, Nr. 2, April 1966, S. 159–166

Schmidbauer, W., Psychotherapie – Ihr Weg von der Magie zur Wissenschaft, München (Nymphenburger) 1971

Timpanaro, Sebastiano, The Freudian Slip, London (N. L. B.) 1976

Schafer, R., Eine neue Sprache für die Psychoanalyse, Stuttgart (Klett) 1983

Torok, M., Der Penisneid, in: Chasseguet-Smirgel, Ch. (Hg.), Psychoanalyse der weiblichen Sexualität, Frankfurt (Suhrkamp) 1973

Watzlawik, P. et al., Menschliche Kommunikation, Bern (Huber) 1971

Ders., Wie wirklich ist die Wirklichkeit, München (Piper) 1984

Worbs, Michael, Nervenkunst. Literatur und Psychoanalyse im Wien der Jahrhundertwende, Frankfurt Europ. Verlagsanst.) 1983

Zimmer, D. E., Tiefenschwindel, Reinbek (Rowohlt) 1990

Zweig, St., Die Heilung durch den Geist, Frankfurt (Fischer) 1931

Leonardo

Carusi, E., Die Handschriften Leonardos, in: Leonardo da Vinci, Katalog d. Ausstellung Mailand 1939, Deutsche Übersetzung im Verlag Georg Lüttke, Berlin 1939. Im folgenden zitiert als «Katalog 1939», S. 157 – 163

Baroni, C., Die Geburt Leonardos, Katalog 1939, S. 7

Cutry, Francesco, Der Vogelflug, Katalog 1939, S. 337

Favaro, G., Anatomie und Physiologie, Katalog 1939, S. 363

Chastel, A. (Hg.), Leonardo da Vinci – Sämtliche Gemälde und die Schriften zur Malerei, München (Schirmer) 1990

Eissler, K. R., Leonardo da Vinci, London (Hogarth) 1962

Giovio, P., Leben des Leonardo da Vinci (1527), zit. n. Chastel, A., S. 71 – 76

Anonimo Gaddiano, Leben des Leonardo da Vinci (1545), aus einer Manuskriptsammlung der Laurentianischen Bibliothek in Florenz, gen. Fundus Magliabechianus, XVII, 17, zit. n. A. Chastel, S. 76 – 79

Nicodemi, Giorgio, Das Leben und das Werk Leonardos, in Katalog 1939, S. 19 – 89

Fumagalli, G., Leonardo ‹omo senza lettere›, Florenz (Sansoni) 1954

Herzfeld, M., Leonardo da Vinci. Traktat von der Malerei (nach der Übers. v. H. Ludwig neu hg. u. eingel.), Jena 1909, Nachdruck München 1989

Ludwig, Heinrich: Leonardo da Vinci, Das Buch von der Malerei, nach dem Codex Vaticanus 1270, 3 Bde., Wien 1882, Quellenschriften für Kunstgeschichte und Kunsttechnik des Mittelalters und der Renaissance, Bde. 16 – 18, Neudruck Osnabrück 1970

Marinoni, Augusto (Hg.), Leonardo da Vinci, Tutti gli scritti, Mailand (Rizzoli) 1952–1954

Mazzeri, Silvia Alberti de, Leonardo da Vinci. Die moderne Deutung eines Universalgenies, München (Heyne) 1990

Mereschkowski, Leonardo da Vinci. Roman. 2. Aufl. München (Knaur) 1955

Olschki, L., Geschichte der neusprachlichen wissenschaftlichen Literatur, Leipzig 1919

Maschat, H., Leonardo da Vinci und die Technik der Renaissance, München 1989

Rosenthal, Bernice G., Dmitri Sergeevich Merezhowsky and the Silver Age, The Hague (Nijnhoff) 1975

O'Malley, C. (Hg.), Leonardos Legacy, Los Angeles (Berkeley Univ. Press) 1969

Gombrich, E., Leonardo da Vinci. The Marvellous Works of Nature and Man, London 1981

Solmi, E., Studi sulla filosofia naturale di Leonardo da Vinci, Modena (Vincenzi) 1890

Muther, R., Leonardo da Vinci, London (Sieglehill) 1907

Bellini, O., Leonardo da Vinci, Firenze (Salesiani) 1910

Haring, E., Leonardo da Vinci, sein Leben und seine Hauptwerke, Leipzig (Velhagen) 1912

Solmi, E., Scritti Vinciani, Firenze (La Voce) 1924

Taylor, R. A., Leonardo da Vinci. A Study on Personality, London (Richard Press) 1927

Schapiro, Meyer, Leonardo and Freud: An Art Historical Study, in: Journal of the History of Ideas, April 1956

Ders., Two Slips of Leonardo and a Slip of Freud, in: Psychoanalysis, Winter 1955/56

Spector, J. J., Freud and Duchamp: The Mona Lisa ‹Exposed›, in: Artforum, April 1968, S. 54 ff

Michelangelo

Berenson, B., The Florentine Painters of the Renaissance, New York 1909

Bezold, F. v., Das Fortleben der antiken Götter im mittelalterlichen Humanismus, Bonn 1922

Borinski, K., Die Antike in Poetik und Kunsttheorie, 2 Bde., Leipzig 1914 / 1924

Borinski, K., Die Rätsel Michelangelos, München 1908

Brinckmann, A. E., Michelangelos Zeichnungen, München 1925

Cassirer, E., Individuum und Kosmos in der Philosophie der Renaissance, Leipzig 1927 (Studien der Bibliothek Warburg 10)

Cellini, B. (Ed. C. Milanesi), I trattati dell' oreficeria e della scultura, Florenz 1857

Ders., Autobiographie, Übersetzung von J. W. Goethe, Werkausgabe, Stuttgart (Cotta) 1885, Bd. VIII, S. 401 – 671

Ficino, M., Opera, Basel 1576, 2 Bde.

Frey, K. (Hg.), Die Dichtungen des Michelangniolo Buonarotti, Berlin 1897

Ders., Die Handzeichnungen Michelangniolos Buonarotti, Berlin 1909 – 1911, 3 Bde.

Greifenhagen, A., Zum Saturnglauben der Renaissance, Die Antike XI, S. 125 – 153

Justi, C., Michelangelo. Beiträge zur Erklärung der Werke und des Menschen.

Lamarche-Vadel, B., Michelangelo. Leben und Werk, Stuttgart / Zürich (Belser) 1989

Landino, C., Commedia di Dante Alighieri con l'espositione di Cristoforo Landino, Venedig 1529

Liebert, R. S., Michelangelo. A Psychoanalytic Study of his Life and Images, New Haven (Yale Univ. Press) 1983

Löwy, E., Stein und Erz in der statuarischen Kunst: Kunstgeschichtliche Anzeigen, Beiblatt der Mitteilungen des Instituts für österreichische Geschichtsforschung, 36, 1915, S. 5 – 40

Lomazzo, G. P., Trattato dell' arte della pittura, scoltura, et architecttura, Mailand 1585

Milanesi, G. (Hg.), Le lettere di Michelangelo Buonarotti, Florenz 1875

Panofsky, E., Die Michelangelo-Literatur seit 1914, Wiener Jahrbuch für Kunstgeschichte 1, 1921, Sp. 1 – 64 (Buchbesprechungen)

Ders., The first two projects of Michelangelos Tomb of Julius II, in: Art Bulletin, XIX, 1937, S. 561 – 579

Ders., Studien zur Ikonologie. Humanistische Themen in der Kunst der Renaissance, Köln (Dumont) 1980 (Erweiterte Neuauflage von «Studies in Iconology», New York 1939)

Robb, N. A., Neoplatonism of the Italian Renaissance, London 1935

Roscher, W. H. (Hg.), Ausführliches Lexikon der griechischen und römischen Mythologie, Leipzig 1884–1924 (5 Bde.)

Steinmann, E., Michelangelo im Spiegel seiner Zeit, Leipzig 1930

Thode, H., Michelangelo. Kritische Untersuchungen über seine Werke, Berlin 1908–1913 (3 Bde.)

Tolnay, K., Eine Sklavenskizze Michelangelos, in: Münchener Jahrbuch der bildenden Künste, Neue Folge, V, 1928, S. 70–85

Varchi, B., Lezzioni sopra diverse materie, poetiche e filosofiche, raccolte nuovamente, Florenz 1590

Vasari, G., Lebensbeschreibungen der ausgezeichnetsten Maler, Bildhauer und Architekten der Renaissance, Hg. v. Ernst Jaffé, Berlin (Julius Bard) 1920

Wolfgang Schmidbauers Buchveröffentlichungen in zeitlicher Reihenfolge

1970 **Mythos und Psychologie.** Methodische Probleme, aufgezeigt an der Ödipussage

1971 **Seele als Patient.** Eine Aufklärung für Gesunde und Gefährdete

1971 **Psychotherapie.** Ihr Weg von der Magie zur Wissenschaft

1972 **Die sogenannte Aggression.** Die kulturelle Evolution und das Böse

1972 **Verwundbare Kindheit**

1972 **Erziehung ohne Angst.** Eine Orientierungshilfe für Eltern

1972 **Homo consumens.** Der Kult des Überflusses

1973 **Biologie und Ideologie.** Kritik der Humanethologie

1973 **Jäger und Sammler.** Als sich die Evolution zum Menschen entschied

1974 **Psychosomatik**

1975 **Heilungschancen durch Psychotherapie**

1975 **Vom Es zum Ich.** Evolutionstheorie und Psychoanalyse

1976 **Jugendlexikon Psychologie**

1977 **Die hilflosen Helfer.** Über die seelische Problematik der helfenden Berufe

1980 **Alles oder nichts.** Über die Destruktivität von Idealen

1981 **Die Ohnmacht des Helden.** Unser alltäglicher Narzißmus

1982 **Im Körper zu Hause.** Alternativen für die Psychotherapie

1983 **Helfen als Beruf.** Die Ware Nächstenliebe

1985 **Die Angst vor Nähe**

1985 **Tapirkind und Sonnensohn**

1986 **Die subjektive Krankheit.** Kritik der Psychosomatik

1986 **Ist Macht heilbar?** Therapie und Politik

1987 **Eine Kindheit in Niederbayern**

1988 **Liebeserklärung an die Psychoanalyse**